리얼리티와 유니티

북한이탈주민의 이슈와 비전에 관한 보고서

조경일

리얼리티와 유니티

북한이탈주민의 이슈와 비전에 관한 보고서

조경일 지음

광범할 수 있다는 꿈을 위하여

조경일 | 세 번에 걸친 탈북 끝에 열일곱에 대한민국 국민이 되고 나서 약자를 돕고 통일에 기여하는 인생을 살고 있다. 성균관대학교 정치외교학과를 졸업한 후 현재 건국대학교 통일인문학 박사과정에 있다. 통일공론장 피스아고라 대표, 통일코리아협동조합 이사, 프리랜서 작가로 활동 중. 대립과 갈등의 벽을 어떻게 하면 줄일 수 있을까 줄곧 생각한다. 정치컨설턴트로 다수의 선거에 참여했고, 국회의원 비서관, 국회사무총장 비서를 역임했으며, 〈아오지까지〉를 저술했다.

리얼리티와 유니티
북한이탈주민의 이슈와 비전에 관한 보고서

발행일 | 2023년 12월 29일 1판 1쇄

지은이 | 조경일
편집 | 마담쿠, 코디정
본문 디자인 | 마하린
표지 디자인 | 마하린
마케팅 | 우섭결

펴낸곳 | 이소노미아
　　　　서울시 종로구 율곡로 2길7 서머셋팰리스 303호
　　　　T | 010 2607 5523　　F | 02-568-2502
　　　　Contact | h.ku@isonomiabook.com
펴낸이 | 구명진

ISBN 979-11-90844-41-3

이 책은 2023년 남북통합문화콘텐츠 창작지원공모 선정작으로 통일부 남북통합문화센터와 남북하나재단의 지원을 받아 발간되었습니다.

나무의 목숨이 헛되지 않는 책

이난희 님에게 마음을 전합니다.

고난을 지불하여 얻은 꿈을 쉽게 단념하지 맙시다.

목차

이 책은 북한이탈주민의 이슈와 비전에 관한
보고서이다. 3만 5천여 명의 북향민이 겪는
현실Reality을 기록한다.

존재가 개념에 의해 해명되듯이,
리얼리티는 관점에 의해 설명된다.

특히 이 책은 청년 세대의 관점에서 바라본
북향민의 리얼리티이다. 그리고 다시금
통일Unitification에 대한 비전이다.

1부
평범을 꿈꾸는 리얼리티

북에서 온 청년들을 만나다

다시 쓰는 청년의 삶

평균에 스며들기

북에서 온 청년들을 만나다

북에서 온 청년들을 만나 그들의 이야기를 들었
다. 절박해지니 뭐든 해야했다고 말한 김철은 4
년차 사업가로 건운이라는 회사를 운영하면서
온라인 쇼핑몰에서 여성 패션 제품을 판다. 고향
은 함경북도 무산이며, 2007년에 한국에 들어왔
다.

한국에 오게 된 과정이 궁금하다.

> 김철: 2007년 10월에 탈북했다. 그때 나이 스무
> 살이었다. 두만강을 건너 중국 왕청지역을 들렀
> 다가 북경에서 한국행 비행기를 탈 계획이었다.
> 그런데 브로커 쪽의 여권에 문제가 생겨 태국으
> 로 넘어갔고 거기서 한국행 비행기를 다시 탔다.
> 중국은 지역을 이동할 때마다 신분증 검사를 하
> 기 때문에 공안 파출소에도 두 번 잡혀 들어갔
> 지만, 다행히 중국어를 구사해 빠져나올 수 있었
> 다. 북한을 떠나서 한국까지 오는 데 일주일 걸
> 렸다.

일주일 만에 한국까지 무사히 도착했다니 놀랍다. 사실
두만강을 건너 태국이나 캄보디아 등 제3국을 경유해
서 탈북한다는 것 자체가 목숨을 건 여정이다. 일주일
은 커녕 1년이 걸려도 무사히 도착했다는 것 자체가 기
적이다. 그런데 김철 대표는 그렇게 빨리 한국에 왔다
니, 게다가 공안에 두 번이나 끌려갔다 나왔니 더 놀랍
다. 중국어는 어디서 배웠나?

> 김철: 사실 1998년, 10살 때 처음 온 가족이 함께

탈북해서 중국에서 3년 정도 살았다. 당시 중국 소학교를 다녔고 그때 중국어를 배웠다. 14살에 가족 중 나만 중국 공안에 붙잡혀 북송됐는데, 당시 미성년자라 성인들이 가는 감옥에 가지는 않고 구류소에 한 달 간 있다가 풀려났다.

북한에서의 삶은 어땠는지.

김철: 어린 시절은 굶주리던 기억밖에 없다. 중국에서 살다가 붙잡혀 온 14살 무렵부터는 외할머니 집에서 지냈는데, 다행히 먹고사는 문제는 걱정하지 않아도 될 형편이라 그 후엔 공부에 전념할 수 있었다.

스무 살에 다시 탈북을 결심한 이유는?

김철: 북한에서 계속 공부하면서 내 꿈을 펼치고 싶었지만 제대로 되지 않았다. 그러던 중 한국에 정착해서 살고 있는 부모님과 연락이 닿았다. 한국에서는 더 좋은 환경에서 공부할 수 있다고 해서 떠나기로 결심했다.

한국에 왔을 때 기대나 목표가 있었나?

> 김철: 탈북하기 전에는 북에서 청년동맹비서가
> 되고 싶었다. 청년동맹비서는 유급제라서 사무
> 직이었고 나라를 위한 일이기도 했다. 하지만 부
> 모님이 한국에 있어서 내 미래가 불투명했고 무
> 엇보다 잘못하면 죽을 수도 있겠다는 생각이 들
> 었다. 가정환경과 출신성분에 근본적인 한계가
> 있었던 것이다. 사실 그게 탈북 이유였으므로 한
> 국에 올 때에는 특별한 기대나 목표가 있던 건
> 아니었다. 한국의 첫인상은 그저 회색과 시멘트
> 정도였던 것으로 기억한다. 도심 한복판을 걸어
> 다니면 보이는 건 아파트 뿐, 황량한 느낌이 들
> 었다. 한국에 아는 사람이 전혀 없어서 혼자가
> 된 느낌이었다.

('김일성 사회주의 청년동맹'의 줄임말인 청년동맹은
현재 '사회주의 애국청년동맹'으로 조직 이름이 바뀌었
다고 한다. 북한 청년증을 대상으로 한 노동당의 가장
중요한 외곽단체로 중학교 4학년(14세)이 되면 모든
학생들이 가입한다.) 청년동맹비서를 꿈꿨던 젊은이가
탈북해서는 완전히 다른 사회에서 새롭게 시작하는 셈

인데, 만만치 않았을 것 같다. 초기 정착과정은 어땠나?

김철: 우선 준비된 게 아무것도 없었다. 부모님은 나를 데려오기 위해 정부에서 받은 임대주택 보증금을 빼서 브로커 비용으로 쓴 상태였다. 그래서 충남 논산의 10평짜리 반지하 단칸방에서 살았다. 내가 아는 대한민국은 화려하고 멋있는 나라였는데 정작 내가 사는 집은 햇볕도 들지 않는 반지하여서 박탈감이 컸다. 당시엔 주위에 도움받을 수 있는 사람도 없어서 공부를 해야겠다는 생각으로 무작정 서울로 올라왔다.

무슨 공부를 하고 싶었나?

김철: 처음에는 변호사가 되고 싶었다. 탈북민들은 중국에서도 비인간적 대우를 받지만 한국에서도 법적 테두리 바깥에 있는 순간들이 많다고 했다. 어려운 사람들을 위해 뭔가 하고 싶었다. 그래서 서울대 로스쿨에 가는 걸 목표로 공부했다. 하지만 첫해 입시에 떨어져 재수 학원에 다녔는데 학원비가 없었다. 무작정 학원 원장에게 찾아가 사정을 설명했더니 책값만 부담하는 조

건으로 공부할 수 있도록 도와줬다.

삼수를 준비했다고도 들었는데.

김철: 당시엔 내가 할 수 있는 모든 노력을 다해서 목표를 쟁취하겠다는 생각이었다. 하지만 형편이 되지 못했다. 설상가상 어머니가 유방암 진단을 받아 아버지 홀로 돈을 벌어야 했고, 나도 아르바이트 하면서 공부할 수밖에 없었다. 그런데 입시 3년차가 되던 해 아버지가 갑자기 심장마비로 돌아가셨다. 상을 치르고 나니 아픈 어머니와 동생을 챙겨야 했다. 더는 욕심 낼 수 없다는 생각에 건국대학교 경영학과에 입학했다.

현실은 늘 그런 식으로 우리에게 꿈을 포기하라고 한다. 3년 동안 학원에서 보낸 시간이 아깝기도 했을 것 같다. 어린 나이에 가장 노릇을 해야 한다는 책임과 부담도 남달랐을 것 같다.

김철: 아버지가 돌아가시고 집을 부양해야 했다. 그런 책임감 속에서 여자 친구와 결혼도 하게 됐다. 그때가 25살이었다. 무조건 최고가 되어야

만 누군가를 지켜줄 수 있으리라는 믿음이 강했는데 그 시점에 생각이 바뀌었다. 나 혼자 최고가 되는 것보다는 함께 어울려 잘 살아가는 게 더 중요하다는 생각이 들었다. 우선 가족이 함께 경제적 어려움 없이 잘 살아야 했다. 공부를 하면서도 동생과 함께 피시방 사업을 시작했다. 1년 정도는 잘 운영했는데 2013년도에 갑자기 실내 금연법이 시행되었다. 피시방 실내에서 담배를 피우지 못하니 손님이 줄고 매출도 반토막이 났다. 몸으로 때우며 5년차까지 유지했지만 결국 사업을 정리했다. 서른 살 무렵이었다.

교수님을 찾아가 차를 팔아 달라고 했다고도 들었다.

김철: 피시방을 정리한 후의 일이다. 공부하면서 일할 수 있는 업종을 찾다가 영업사원 세계에 발을 디뎠다. 건국대 주변에 있는 쉐보레 매장에서 면접을 봤는데 북에서 왔다고 하니 주변 탈북민들에게 홍보를 해보라며 나를 뽑아줬다. 문제는 차를 한 대라도 팔아야 했는데 아는 사람이 없다는 것이었다. 교수님을 찾아가면 도움을 받을 수 있지 않을까 싶었는데, 당시 내가 가

진 좌우명이 머릿속에 있는 생각을 실천으로 옮기지 못하면 결국 아무것도 못한다는 거였다. 그 마음으로 마케팅학과 교수님을 찾아갔다. 북에서 온 재학생이고 자동차 판매 영업사원을 하고 있는데 주변에 아는 사람이 없다고, 혹시 교수님 주변에 차 살 사람 있으면 소개 좀 해달라고 했다. 그때 교수님이 충격받은 눈빛으로 교수 생활 20년에 차 팔아 달라고 찾아온 학생은 처음이라고 했다. 그러면서 힘내라고 응원한다고 했다. 물론 학생이 공부해야지 뭐하는 짓이냐며 나가라고 한 분도 계셨지만, 마음이 상하지는 않았다. 내 생각을 실천에 옮겼다는 성취감이 더 컸고 그때부터 뭐든 머릿속에 떠오르면 행동으로 옮겨야 한다는 생각으로 살았던 것 같다. 하지만 영업사원 일은 밥벌이가 안됐다. 3개월 정도 했는데 겨우 두 대 팔았다.

그 후에 시작한 게 온라인 의류판매 사업인지?

김철: 맞다. 아는 형이 온라인 마켓에서 비슷한 사업을 하고 있었는데 내가 중국어 부분을 도와주면서 사업을 배우게 됐다. 그러다가 직접 해봐

도 되겠다는 생각이 들었다. 당시 내 통장에는 160만 원이 전부였는데 소액자본으로도 시작할 수 있다는 게 장점이었다. 상품을 등록하고 주문이 들어오면 구입해서 배송해 주는 식이었는데 중국어로 소통이 가능하다 보니 중국 현지 판매자들과 소통을 원활하게 할 수 있었다.

아무리 언어가 됐어도 쉽지 않았을 것 같다. 어려운 점은 없었나?

김철: 판매가 잘 되게 하려면 무엇보다 좋은 상품을 많이 발굴해야 한다. 처음에는 이게 정말 어려웠다. 하루에 10시간씩, 한 달 정도 모니터에서 눈을 떼지 않고 상품을 찾다 보니 조금씩 감이 왔다.

여성패션 사업을 하려면 여성들이 입는 옷 스타일이나 트렌드도 잘 알아야 할 것 같은데, 원래 패션에 대해 잘 알고 있었나?

김철: 나는 패션의 '패'자도 몰랐다. 그땐 블라우스가 뭔지 원피스는 어떤 종류가 있는지도 몰랐

다. 그래서 오직 한 가지 시뮬레이션만 돌렸다. 이 상품을 사람들이 입었을 때 어떻게 예쁘게 입을 수 있을지. 이제 사업 4년차인데 여전히 패션은 잘 모르겠다. 다만 좋은 제품을 잘 찾아서 잘 파는 게 내 사업이다.

패션을 몰라도 패션 사업을 할 수 있다니, 불쑥 용기가 생긴다. 좋은 상품을 잘 파는 게 사업이라고 단언한 부분이 특히 인상적이다. 4년의 노력 끝에 월 매출 1억이면 일단은 성공했다고 봐도 되지 않나? 코로나의 영향은 없었는지 궁금하다.

> 김철: 코로나로 사람들의 소비가 줄었지만 온라인 판매 업종은 다른 업종에 비해 직격탄을 피할 수 있었다. 어려움이 없는 건 아니었지만, 코로나 이전과 비교했을 때 매출 하락을 딱히 느낄 수 없을 정도로 유지가 됐다.

사업할 때 주변 사람들의 도움을 받기도 했나?

> 김철: 사업 초반, 자금이 부족했을 때 물류회사 대표가 도움을 줬다. 그 대표는 내가 탈북민 사

업가라는 걸 알고 있었는데, 자신도 미국에서 겪어봤다며 아무도 없는 곳에서 새롭게 시작한다는 게 쉬운 일이 아니라면서 대가 없이 도움을 줬다. 참 고마운 사람이다.

북한 출신이라는 점이 사업에 장애가 됐던 적은 없나?

김철: 탈북이라는 정체성이 장애가 된다고 생각해 본 적은 없다. 나는 내 정체성을 숨기지도 않았는데, 오히려 이만큼의 매출을 내는 사업가가 탈북민이라고 하면 사람들이 놀라더라. 차별보다는 오히려 인정을 받았다고 생각한다.

먼저 시작한 사업가로서 사업을 준비하는 청년들에게 해줄 말이 있다면?

김철: 성공하는 데 가장 빠른 길은 최선을 다해 선배들의 경험을 따라하는 것이었다.

맞다. 따라 배우는 것만큼 좋은 학습은 없을 것이다. 실제로 비슷한 사업을 시도하는 탈북 청년들에게 사업 비법을 알려주고 있지 않나? 수시로 통화하며 노하우를 공유하는 것으로 알고 있다. 비슷한 사업을 하는 청년들끼리 뭉쳐서 연대하자고 제안하기도 했다고. 당신이 그리는 미래가 궁금하다.

김철: 나는 언젠가 북한으로 가는 길이 열리면 북한 주민들이 쉽고 빠르게 상품을 구매할 수 있도록 물류플랫폼을 만들어 보고 싶다. 그날이 온다면 남에서 북으로 또 북에서 남으로 내륙 이동이 자유롭고 중국과 훨씬 빠르게 교역이 가능해질 것이다. 더 많은 상품을 판매하는 그런 꿈을 갖고 있다. 그러기 위해 현재 하고 있는 사업을 잘 키워서 자사몰도 만들고 더 크게는 브랜드를 만들고 싶다.

아주대학교 부설 아주통일연구소에서 연구원으로 활동하는 탈북 청년 강성우를 만났다. 그는 "일단 내가 잘돼야 누구든 도울 수 있다"고 내게 말했다. 그는 18살 2006년에 한국에 왔다. 함경북도 청진 출신이다. 한국에 온 이후 김포에서 고등학교를 졸업하고, 연세대에서 정치학을 전공한 다음 창업과 IT 관련 일을 하다가 아주통일연구소에서 연구원으로 일하고 있다.

한국에 오기 전, 북에서의 생활은 어땠나?

강성우: 우선 학업을 제대로 할 수 없었다. 어머니와 산에 가서 나무를 하거나 석탄 장사를 하며 생계를 이었다. 한국에 가야겠다고 처음 결정한 게 2005년이었는데 무산의 친척집에 살며 한국으로 떠날 준비를 했다. 그런데 갑자기 브로커에게서 연락이 끊겼고 어쩔 수 없이 1년 정도 농사를 지으며 버텨야 했다.

북에서의 학교생활은 어땠는지?

강성우: 중학교 5학년, 16세까지 북한에서 학교를 다녔다. 하지만 집이 가난해 띄엄띄엄 갈 수밖에 없었는데 많이 가야 한 달에 열흘 정도였다. 당시 내가 결석을 하면 학생들을 보내 데리러 왔다. 결석이 잦은 경우 학급 전체 학생들이 데리러 오기도 하는데, 난 그게 싫어서 일부러 지붕 위에 숨기도 했었다. 집안이 본격적으로 어려워진 건 내가 8살이 될 무렵인 90년도 후반부터였다. 그때는 '고난의 행군'이 시작돼 한창 북한 경제가 무너진 때였다. 우리 집은 동네에서도 제일 가난했다. 당연히 내가 학생들 사이에서도 제일 가난한 학생이었다. 학교에도 공책 하나 없이 빈손으로 가곤 했는데 어느 날 학교에 가 보니 내 책상에 공책이 한가득 쌓여 있더라. 선생님이 다른 학생들에게 공책을 하나씩 가져오라고 해서 그걸 모아 내게 준 것이었다. 굉장한 감동이었다. 중학교때도 비슷한 일들이 있었다. 선생님이 학생들과 함께 석탄, 나무, 쌀, 국수 등 이것저것 챙겨서 집으로 찾아와준 것이다. 초등학교 선생님도, 중학교 선생님도 나를 굉장히 예뻐

해 주셨다. 중학교 때는 학교에 자주 나가지 못했음에도 영어 책임자를 맡아 학생들의 시험을 채점하고 그랬다. 내가 영어를 아주 잘했기 때문이기도 했다.

영어는 어디서 배웠나?

강성우: 내 위로 형이 있다. 형이 어느 날 무슨 꼬부랑 글씨를 쓰는 걸 봤다. 너무 멋있었는데 그게 바로 영어 필기체였다. 그 후부터 나도 영어 공부를 틈틈이 했다. 영어 교과서를 받으면 처음부터 끝까지 다 외웠다. 그래서 반에서 영어 학습담당까지 했던 거였는데 학교를 자주 나가질 못하니 점점 친구들과 어색해졌다. 그러다가 중학교 5학년 때 중퇴했다. 아무래도 북한에서는 더 이상 희망이 없다고 생각했다.

희망이 없다고 생각한 구체적인 계기가 있는지?

강성우: 북한에서 마지막으로 어머니와 장사했던 품목이 중고 옷이었다. 중고 옷 중에 한국 옷이 인기가 가장 많았고 비싸게 팔렸다. 그런데

한국 옷은 단속을 하기 때문에 보통 태그(상표)를 가위로 잘라낸다. 당시 하필 태그를 떼지 않은 옷이 단속에 걸리고 만 것이다. 갖고 있던 옷을 전부 빼앗겼다. 그 옷은 우리 가족의 최후 생계 수단이었던 터라 다 빼앗긴 우리는 죽 끼니조차 이어갈 수 없었다. 모든 걸 잃으니 희망도 잃고 말았다. 더 이상 이 나라에서 버틸 이유가 없다고 생각했다. 탈출해서 한국으로 가자고 결심하고 무산에 들어갔다.

(희망 없는 사회. 북한사회를 한마디로 규정할 수 있는 말이다. 아이가 성장하면 꿈이 다양해지고 구체화되는 것이 보통이지만 북한에서는 그 반대다. 성장할수록 꿈이 사라진다. 꿈을 갖는 것이 사치가 되는 사회. 내일 먹을 식량을 어려움 없이 구하는 것이 유일한 꿈이자 목표인 삶들이 여전히 북한 거리를 배회한다.) 한국에 대해서는 어떻게 알고 있었나?

강성우: 언젠가 한국에 한 번쯤 가보고 싶다고 생각했던 건 2002년쯤부터였다. 삼촌이 무산에서 살고 있었는데 당시에 무산 사람들 중 일부가 한국에 가서 이미 정착했다는 정보들이 있었

다. 내 이모도 그중 한명이었다. 그때는 그곳이 정확히 한국이라고는 이야기하지 않았다. 워낙 위험하니까. 하지만 이모가 가족들에게 돈을 부쳐주고 했던 걸 보면서 어림잡아 한국일 것이라 짐작했다.

남한에 대한 이미지는 어땠나?

강성우: 처음에는 그냥 교과서에서 가르치는 내용이 전부였다. 미국의 식민지라거나 남조선 학생들이 어렵게 산다는 등 그런 이야기였다. 그런데 학교 친구들 중 말을 굉장히 잘하는 이야기꾼이 있었는데 그 친구가 학생들 사이에 암암리에 퍼져 있던 한국 영화 CD를 보고 그 이야기를 굉장히 재밌게 들려줬다. 그 후 무산에 와서야 나는 한국 영화를 처음 접할 수 있었다. 그게 배우 권상우와 하지원의 〈신부수업〉이었다. 그런 식으로 한국에 대해 상상하곤 했지만 한국으로 가는 과정이 워낙 위험해서 망설여졌다. 이모도 탈북하다가 붙잡혀서 수용소(교화)로 보내진 일이 있었고, 사촌 형도 발각돼서 죽임을 당했다. 목숨을 걸어야 하는 탈출이란 걸 이미 잘

알고 있었다.

브로커와 연락이 끊겨 1년 동안 버텼다고 했는데, 그러면 1년 만에 탈북 기회가 다시 온 건가?

강성우: 그렇다. 다른 브로커와 연결됐다. 하지만 당시 어머니와 외숙모는 잠깐 돈 벌어 올 요량으로 중국에 가고 없었기에 나와 삼촌, 그리고 사촌 형제들만 떠날 수밖에 없었다. 그때 점쟁이가 말했다. 날계란을 까서 먹은 뒤 절대로 뒤돌아보지 말고 가라고. 그렇게 두만강 강둑 옆에서 어두워지기를 기다렸는데, 막상 두만강을 건너려니 오만 가지 생각이 들었다. 언젠가 다시 돌아올 수 있을까? 두만강을 건넌 후 바로 브로커 차에 탔다. 앞에 검문소가 보였다. 검문소 앞에는 공안이 서 있었는데 그를 보자 심장이 콩알만해졌다. 무작정 하늘에 대고 빌었던 것 같다. 제발 살려 달라고. 그런데 희한하게 그 순간 하늘에서 눈이 내렸다. 검문소를 지키던 공안이 눈을 보더니 건물 안으로 들어갔다. 그렇게 위급한 순간을 무사히 통과할 수 있었다. 살았구나! 안도감에 몸이 홀가분해졌다. 이후 태국 방콕을 지

나 두 달 만에 한국에 들어올 수 있었다.

처음 한국에 왔을 때 기대나 목표가 있었나?

강성우: 집을 갖는다는 기대와 마음껏 공부하겠
다는 목표가 있었다. 방콕 공항에서 비행기를 탈
때도 멋있다고 생각했지만 인천공항에 도착하
니 공항 건물부터 압도가 됐다. 정말로 멋졌다.
경제가 정말 발전한 곳이라는 느낌을 받았다.

처음 정착과정에서 어려움은 없었나?

강성우: 2006년 하나원 퇴소 후 한겨레 고등학
교를 다니며 기숙사 생활을 했다. 그때가 17살
이었는데 학교생활은 재밌었다. 공부도 잘했다.
연애도 하고 선생님과 친구들과 잘 지냈다. 1년
정도 학교를 다니다가 김포시에 있는 일반 고등
학교로 옮겼다. 그 즈음 이모부 도움으로 중국에
살고 있던 어머니도 한국으로 들어올 수 있게
되었다. 그래서 개인적으로 느끼는 어려움은 없
었던 것 같다.

일반 고등학교는 어땠나?

강성우: 입학할 때 학교에서 공부 제일 잘하는 반에 가고 싶다고 했다. 이과 학생들이 공부하는 반이었는데 나는 멋도 모르고 들어갔다. 당시 북한에서 온 사람이 처음이라 친구들이 다 나를 구경하러 왔었다. 나보다 두 살 어린 애들이었지만 친구로 편하게 지내면서 잘 다녔는데 그때 처음 학력차를 느꼈다. 영어는 그나마 따라갈 만했는데, 수학과 과학은 한 단계를 점프해서 배우는 셈이라 어려웠다. 국어는 띄어쓰기나 조사 등이 달라서 그 부분이 특히 어려웠다. 반에 35명 정도 있었는데 25등 정도 했다. 이전에는 내가 속했던 그룹에서 나는 항상 1등이었고 시험만 보면 100점이었다. 하지만 한국 일반 학교에서는 내가 제일 못했고 중간도 안됐다. 스트레스를 많이 받았다. 한국에 오기 전까지는 항상 잘한다는 소리만 들었지만 한국에 와서 보니 공부가 제일 어려웠다.

대학생활은 어땠나?

강성우: 2009년 고등학교를 졸업하고 2010년 연세대학교 정치외교학과에 입학했다. 고등학교 시절 대통령은 노무현 대통령이었는데 그때 남북관계가 좋아서 자연스레 통일에 기여하겠다는 꿈을 키웠다. 그래서 정치외교학을 선택한 것인데 대학에 들어왔더니 이명박 정부로 바뀌어 남북관계가 파탄나고 있었다. 정치로는 풀어갈 수 없겠다는 생각이 들었다(웃음). 나는 신입생 오리엔테이션에서부터 북한에서 온 유학생이라고 당당히 말하며 학과 동기들과 빠르게 친해졌다. 공부도, 동아리 활동도 다 재미있었다. 하지만 정치에 관심이 멀어지니 전공 공부는 점점 멀리해서 결국 공부 빼고는 다 재밌는 상황이 되고 말았다. 결국 첫 학기부터 경고가 누적되었고 뒤늦게 공부에 집중하려 했지만 좀처럼 되지 않았다. 경고가 세 번까지 누적되며 퇴학 처리까지 되는 상황에 이르렀다.

더 이상 공부는 안되겠다며 포기하고 싶었을 것 같다.

강성우: 어머니를 비롯해서 주변 사람들이 내게 거는 기대가 있었다. 그래서 더 스트레스 받고

힘들었던 것 같다. 포기하고 싶기도 했지만 2년 뒤 재입학이 가능하다고 하여 졸업까지는 하자고 마음먹었다. 결국 2년 뒤 재입학해서 조용히 잘 졸업하고 취업준비를 했다.

학교 졸업 후에는 무슨 일을 했나?

강성우: 처음에는 창업을 도와주는 일을 했다. 사업으로 남북관련 활동을 하려는 사람들이 주변에 꽤 있었다. 나도 통일 관련으로 뭔가 해볼 수 있겠다는 생각으로 시작했다. 기업들의 계약을 관리해 주는 등 매니징하는 업무였다. 3년 정도 했다. 하다 보니 내게도 창업 생태계가 눈에 보이기 시작했다. 창업을 해 보고 싶다는 생각이 들어서 일단 퇴사했다. 그러면서 블록체인 공부도 조금 했다. 블록체인은 가능성이 많은 기술이었다. 하지만 블록체인 시장이 코인 열풍에 휩쓸리는 성격이 있어 이쪽에서 일을 구하는 게 쉽지 않겠다는 생각도 들었다. 그러던 중에 아주대 통일연구소에 취직하게 된 것이다.

지금 새로운 목표가 있다면?

강성우: 사업을 하는 것이다. 사업을 통해 탈북민들의 위기와 사회적 문제들을 해결하고, 특히 제3국에 머물러 있는 탈북민들에게 도움이 되는 일을 하고 싶다. 그리고 국내외 첨예한 이해관계로 복잡하게 얽힌 분단과 통일 문제를 풀 수 있는 지속가능한 전략을 고민하는 전문성도 갖고 싶다. 그러기 위해 현재 꾸준히 공부하면서 실력을 다지고 있다고 생각한다.

탈북민이 한국사회에 '잘 적응했다'는 건 뭐라고 생각하는가?

강성우: 평범할 수 있다는 것.

나는 강성우와 대화하면서 〈평범할 수 있다는 것〉이라는 마지막 한마디의 메시지를 마음에 담았다. '평범'을 바라는 게 어디 이들뿐일까? 그다음 나는 이정철 탈북 영어방송인을 만났다. 그는 양강도 혜산에서 살다 열다섯 살 때인 2007년에 한국에 왔다. 서강대학교에서 정치외교학을 전공한 후, 북한 주민들을 대상으로 대북방송을 하는 국민통일방송에서 라디오 방송 PD로 맡기도 한 그는 아리랑 TV 방송과 라디오에 가끔씩 출연하여 북한에 대한 이야기를 한다.

북한에서의 삶을 소개해 준다면?

이정철: 열세 살까지 북한에서 살았다. 나는 '고난의 행군' 세대라 북한 정부에서 딱히 혜택받은 게 없다. 봄에는 농사일, 가을엔 가을걷이, 겨울엔 땔감을 구하러 산에 다닌 게 전부라 북한에서의 기억은 힘든 기억뿐이다. 그저 배고픈 삶이었다. 아버지는 초등학교에서 목수로 일했고

어머니는 장사를 했다. 내가 여덟 살쯤 되었을 때 어머니가 식량을 구한다며 중국으로 떠났다. 당시엔 일하는 남자들보다 장사하는 여자들이 생계를 책임진 부분이 컸으므로 어머니의 빈자리가 컸다. 어머니가 떠난 후 우리는 더 가난해졌다.

어릴 적 북한에 대한 기억이 궁금하다.

이정철: 집이 가난해 충분히 먹지는 못했지만 학교는 다닐 수 있었다. 한 달에 열흘 정도 다닐 때도 있었지만 그럭저럭 잘 다녔다. 소학교 때까지가 내게는 인생의 전성기 아니었을까? 당시 나는 또래들보다 한 살 늦게 학교에 들어갔다. 북에서는 이런 경우 '묵은돼지'라고 부른다. 그러다 보니 반에서 암묵적인 위계질서가 형성됐고 나는 반에서 싸움도 일등이었다. 물론 진짜 싸움을 한 적은 없지만, 한 살 더 먹은 '묵은돼지'로 있다 보니 학급 반에서 암묵적으로 1등을 차지해버렸다. 싸움을 하지 않고도 1등이라니. 어색했지만 그 상황을 즐겼다. 두렵기도 했다. 혹시나 진짜 싸움이 나서 실력이 탄로나면 어떡

하나. 다행히 학교 친구들이 나를 건드리지는 않았고 신기하게도 성적도 잘 나왔다. 결국 최우등 학생으로 인기가 많았다. 그런데 중학교는 달랐다. 중학교에 갔더니 다른 지역에서 전학 오는 학생들도 있었고 키가 큰 학생들도 많았다. 이때부터 내게 위기가 찾아왔다. 싸움 1등이 더 이상 유지가 될 것 같지가 않았다. 싸우다가 실력이 들통날까 봐 두려워 학교 가기가 싫을 정도였다. 지금 생각해 보면 웃긴 이야기지만, 그렇게 자존감이 전부였던 시절이 있었다.

탈북을 결심하게 된 이유는 무엇인가?

이정철: 탈북을 결심한 특별한 이유는 없다. 배고픈 게 전부였다. 당시 어머니가 먼저 탈북해서 중국에서 살고 있었다. 그러다 어머니가 북에 남아있는 내게 브로커를 보냈다. 내게는 선택의 여지가 없었다. 어머니가 중국에서 이것저것 보내줬었는데 그때 적어도 중국에 가면 배고프지 않다는 걸 알게 되었다. 당시에는 압록강 국경이 지금보다는 경비가 느슨했고 브로커가 국경경비대에 미리 뇌물을 줬다. 그래서 어느 겨울

밤, 나는 압록강을 걸어서 건널 수 있었다. 물론 어두운 밤에 압록강 얼음 위를 아이 혼자 걷는다는 건 쉽지 않았다. 아무리 군인들이 봐준다고 해도 무슨 일이 일어날지 알 수 없으니까. 무사히 중국에 도착해서 어머니를 만났을 때, 그게 6년만의 재회라는 걸 깨달았다. 어머니는 나를 부둥켜안고 울었지만 나는 그저 어색했다. 오랜 시간 떨어져 지내 그랬던 것도 있지만 열세 살 사춘기 소년의 감정표현이란 게 서투르기도 했다.

중국에 대한 첫 인상은 어땠나?

이정철: 압록강을 건너 탈북할 땐 밤이라 몰랐는데 낮이 되니 거리에 자동차가 정말 바글바글했다. 충격이었다. 북한에서는 한 시간에 한두 대씩 다녔는데 중국은 자동차 소음뿐이었다. 게다가 어딜 가나 먹을 게 쌓여 있어 풍요로움 그 자체였다. 온갖 종류의 과일과 먹거리들이 쌓여 있었음에도 훔쳐가는 사람 한 명 없었다. 여기가 바로 북한에서 그렇게도 선전하던 지상낙원이 아닌가 싶었다. 자유롭게 먹을 수 있다는 것 하나만으로도 행복했다. 불안했지만 충족된 삶이

었다.

(길거리에 수북이 쌓인 음식들은 많은 탈북민들이 말하는 인상 깊은 장면이다. 배고픔에서 탈출하는 것이 유일한 희망이었던 당시 탈북민들에게 중국은 그야말로 천국이었다.) 한국에 오게 된 계기는 무엇인가?

이정철: 중국에서는 그냥 도망자의 삶이었다. 그나마 여건이 될 때는 작은 방을 구해서 살았는데 이것도 어려울 때는 작은 교회에 숨어 살기도 했다. 중국 신분증이 없어서 항상 불안했고, 계속 여기저기 이동하며 숨어 살아야 했다. 결국 어머니가 더 이상 못 살겠다며 한국에 가자고 했다. 당시 어머니는 한국에 대해 알고 있었지만 나는 아니었다. '대한민국'이 아닌, '남조선'으로만 알고 있을 뿐이었다.

어린 나이였지만, 북에서 꿈이 있었나?

이정철: 평양에서 살고 싶다는 소원이 있기는 했다. 그게 지금 말하는 의미의 꿈은 아닐지도 모르겠다. 솔직히 북한에서는 '꿈'이라는 단어를

생각해 본 적이 없다. 북한은 꿈을 권유하는 사회가 아니라 나라에 대한 충성을 강요하는 사회이기 때문이다. 그래서 당연히 군대 가고 농사짓고 살아야 한다고 생각했다. 하지만 '혁명의 성지 평양'은 좀 부러웠다. 그곳에서 살아보고 싶기는 했다.

한국에 와서 가진 목표가 있었다면?

이정철: 처음 공부할 때에는 외교관이 되고 싶었다. 주말마다 미국 대사관에서 외교관들이 방문해 학교에 봉사를 했는데 영어 공부를 좋아해서 당시 나는 그 활동에 항상 참여했다. 국가 간의 관계 개선을 위해 열심히 일하는 외교관들이 너무 멋있어 보였다. 그때 외교관이 되겠다는 꿈을 가졌다. 그래서 당시 반기문 유엔사무총장이 쓴 〈바보처럼 공부하고 천재처럼 꿈꿔라〉 같은 관련 서적들을 많이 읽었다. 유엔사무총장 같은 외교관, 얼마나 멋진가. 한국에 대한 자긍심, '국뽕'이 올라가던 시절이었다. 그게 내 첫 꿈이었고 지금도 그 꿈은 내 가슴 한편에 남아있다. 한국사회에서 탈북민들을 일컬어 '먼저 온 통일'이

라고 말하는데 나도 그렇게 통일에 이바지하고 싶었다.

서강대 정치외교학과에 입학한 것으로 알고 있다. 꿈을 품고 한 전공 선택인 것 같은데, 대학 생활은 어땠나?

이정철: 아무래도 꿈이 생기니 재밌었다. 배우고 공부하는 데 열정도 있었다. 하지만 학교 수업을 따라가기는 힘들었다. 게다가 대학교 3학년 정도 되니까 현실이 보였다. 외교관은 학교를 졸업한다고 해서 되는 것도 아니었고, 외무고시는 경제적으로 뒷받침이 되어야 가능한 시험이었다. 그래서 이 꿈이 아주 멀리에 있는 꿈이라는 걸 받아들였다. 대신 사회에 나와서는 언론 쪽 직업으로 통일에 이바지하는 것으로 방향을 굳혔다. 아무튼 이렇게 학업을 따라가는 문제와 경제적 어려움이 겹치다 보니 학교를 중도 하차하는 친구들도 적지 않게 보였다. 하지만 난 이왕 힘들게 온 대학, 반드시 끝내고 싶었다. 중간에 끝내는 건 실패라는 생각도 들었다. 결국 아르바이트도 하고 외국으로 여행도 가는 등 여러 이유로 2년을 휴학하게 됐지만 결국 졸업은 하게 됐다.

(외교관은 탈북한 청년이 꿈꾸기에 불가능한 일일 것이다. 적어도 당분간은. 하지만 꿈이라는 말은 얼마나 멋진가. 이 단어는 탈북민 청년들이 한국에 도착하고 나서 받는 선물 같은 말이다.) 앞서 외교관이라는 꿈 대신 언론 쪽 직업을 생각했다고 했는데.

이정철: 맞다. 외교관이라는 꿈에서는 도망쳤지만 여전히 통일과 관련된 일에 기여하고 싶었다. 언론에 관심을 가진 건 남북관계 개선에서 언론의 역할이 중요하다고 생각했기 때문이다. 북한과의 관계는 국민공감대가 필요하다. 국민들이 지지해야 정치인들이 동력을 얻을 수 있다. 그런데 안타까운 점은 언론이 오히려 남북관계에서 갈등을 부추긴다는 것이다. 가짜뉴스가 가장 많이 등장하는 곳이 북한관련 이슈다. 공정한 시각으로 남북관계 개선에 도움이 되는 기사가 나와야 하는데 가짜뉴스만 퍼지고 또 그걸로 서로 갈등한다. 이런 현상을 보면서 내 스스로가 언론인이 되어 남북관계 개선에 이바지하고 싶었다. 그러던 중에 〈국민통일방송〉이라는 미디어 회사에서 일하게 됐다. 방송과 통일관련 일을 모두 할 수 있는 기회였다. 〈국민통일방송〉은 북한인

권 증진과 북한민주화 형성을 위한 방송을 제작한다. 인권방송이다보니 북한인권에도 관심을 갖게 됐다. 북한인권이 한국사회에서 자주 정치적으로 해석되곤 하지만, 나는 통일 자체가 인권 개선이라고 생각한다. 통일을 말할 때 우리가 가장 먼저 고려해야 할 것은 사람이다. 남이든 북이든 사람이 가장 중요하니까. 하지만 통일을 얘기할 때 사람들은 북한의 지하자원과 통일 이후 국력 순위 등을 이야기한다. 이런 식이라면 통일은 담론에만 머물러 있을 수밖에 없다.

인권에 대해 하고 싶은 이야기가 많은 것 같다.

이정철: 라디오 PD로 일하면 생각할 일이 많아진다. 한국사회에서 북한인권이 정치적 도구로 이용되는 경우가 많기 때문이다. 북한인권의 정치화인데, 특정 정치세력이 북한을 비판하기 위해 북한인권을 이벤트화 하는 것이다. 그 자체가 나쁘다고 생각하지는 않는다. 문제는 그러다가 정작 실제 사람에 대한, 사람을 위한 생각이 빠져 버리는 경우다. 예를 들어 북한인권 활동을 열심히 하지만 정작 쌀 지원은 반대하는 경우.

지원해 봤자 북한정부로 가고 핵개발만 한다는 논리인데, '기-승-전-북한정권 비판'으로 이어진다. 그리고 이 논리는 북한에 쌀을 보내지 말자는 결과로 끝난다. 북한정권이 아무리 나빠도 주민들이 배고픔을 겪고 있다는 사실은 변하지 않는다. 북한인권을 너무 정치화해버리면 이런 식으로 결론 나는 것이다. 물론 일부에 대한 이야기이다. 진정성을 갖고 일하는 사람들도 있다.

북한 출신이라는 이유로 힘들거나 불편했던 적은 있는지?

이정철: 지금은 나도 성숙해져서 개의치 않지만 처음에는 있었다. 사실 어릴 적부터 농사짓고 땔감 구하러 다니다 보니 피부가 까맣고 표정이 어두웠다. 전체적으로 까무잡잡했는데, 그 모습은 한국사회에서 좋지 않게 비쳐졌다. 한국에 왔으니 북한 때깔은 좀 벗어야 하지 않겠느냐, 더 여유롭게 살아도 된다, 이런 식의 말들이 오고 갔다. 북한의 때를 벗고 '한국인화' 하라는 뜻이다. 그 후 몇 년이 지나고 나니 잘 적응해서 그런지 '때깔'이 변했다. 피부도 좋아지고 표정도 밝

아졌다. 그렇다면 드디어 나도 한국인이 된 것인가? 하지만 사람들은 이렇게 말하기 시작했다. 북한사람 같지 않다고. 고생한 것 같지 않다며, 아쉬운 듯 툭툭 말을 던졌다. 북한에서 고생하고 온 것처럼 보여야 뭔가 더 쓰임을 받을 거라는 얘기다. 북한 때깔을 벗고 한국인처럼 되라면서 또 '북한스러운' 정체성을 가지라니, 대체 어쩌라는 건지. 내가 얼마나 큰 고생을 했는지 일장 연설이라도 해줘야 하나 싶었다. 그러면서 동시에 나는 내가 살고 있는 이 나라가 분단사회임을 실감했다. 북한 출신 정체성을 갖고 살아가야 하는 대한민국. 잘 살아야겠구나 싶으면서도 평생의 고민이자 과제다.

(한국인처럼 말하고 한국인처럼 생각해야 한다는 강박은 이방인으로 살아가는 탈북민들이 받는 무언의 압박이다. 약자에게 관대한 사회는 드물다 하지만 외국인들이 받는 시선과 탈북민이 받는 시선은 조금 다르다.) 북한으로 가는 길이 열려서 들어갈 수 있다면 가장 하고 싶은 일은?

이정철: 마음대로 돌아다니고 싶다. 북한에서는

이동의 자유가 없다. 그래서 내가 살던 양강도를 벗어난 적이 없었다. 북한에 있을 때 첫 번째 소원이 평양에 가보는 것이었고 두 번째 소원은 바다에 가보는 것이었다. 결국 평양도 못 갔고 바다도 못 갔다. 북한에는 양강도와 자강도에 개마고원이 펼쳐져 있는데 한반도의 지붕이라고 불린다. 그곳을 여행하고 싶다. 그리고 평양에 방송국을 설립하고 싶다. 북한주민들이 자유와 민주주의를 빨리 체득할 수 있도록 다양한 프로그램을 제작하고 싶다. PD로 일하면서 북한주민들을 위한 방송을 제작해 봤기에, 미래에는 북한이 민주화 이행기에 필요한 것들이 무엇인지 그런 내용들을 방송으로 제작하고 싶다.

탈북민 청년의 입장에서 현재 남북관계를 어떻게 바라보나?

이정철: 지금은 남북관계 자체가 없다. 윤석열 정부의 통일정책인 '담대한 구상'을 보면 내용은 좋은데 정작 담대함이 없어 아쉽다. 현 정부의 대북정책을 한마디로 하면 '너희가 변하면 우리가 해줄게'다. 내용은 좋아보일지 몰라도 불가능

하다. 북한은 '변하지 않는' 최악의 국가이기 때문이다. 철없는 아이를 바꾸는 데에도 부모로서 노력이 필요한데, 현정부는 아이에게 '네가 바뀌면 해줄게'라고 말하는 식이다.

통일준비에 있어 탈북민들의 역할이 있다면 뭐라고 생각하나?

이정철: 크게 두 가지라고 생각한다. 하나는 잘 정착하는 것. 탈북민들이 한국사회에서 사고를 치냐 잘 정착하냐에 따라 북한 사람들에 대한 이미지가 달라지기 때문이다. 이는 통일이 돼서도 같이 살 수 있는지에 대한 공감대로 이어진다. 이점에서 탈북민들은 큰 기여를 할 수 있다. 두 번째는 탈북민들이 북한사회에 대해 최대한 객관적으로 말해야 한다는 것이다. 북한을 악마화하는 데에만 치중한 탈북민들을 종종 본다. 솔직히 북한체제를 생각하면 김정은 한 대 때리고 싶지만 그보다 필요한 건 현실적인 관점이다. 북한정권에 대한 무조건적인 비판 말고도 북한을 알릴 객관적인 정보들이 있다고 생각한다. 책임 있는 태도가 필요하다.

현재 갖고 있는 목표가 있는지?

이정철: 자유롭게 목소리를 낼 수 있고, 또 한국 사회에 영향을 줄 수 있는 언론인이 되고 싶다. 진짜 자유라는 가치를 말할 수 있는 언론인 말이다. 그러기 위해선 공부를 많이 하고 경험도 쌓아야 한다. 항상 언론인이란 무엇일까 고민한다. 남북관계 개선을 위해서 어떤 메시지를 전달할까 그런 고민도 한다. 북한 주민들에게 자유라는 가치를 전달해줄 수 있는 언론인, 그런 일을 계속 하고 싶다. 그동안 어떻게든 통일에 기여하는 삶에서 벗어나지 않으려고 했다. 나는 이것 자체가 도전이라고 생각한다. 힘들 때 내가 뭐라고 굳이 통일에 관심을 갖고 있나 싶기도 했으니까. 대의와 명분을 다 집어던지고 돈 버는 일에만 몰두할 수도 있다. 그럼에도 불구하고 한반도의 주민들이 좀 더 나은 한반도에서 사는 데에 기여할 수 있다면 그게 통일이든 북한인권 증진이든 간에 그런 주제에서 벗어나지 않으려고 애쓰고 있다.

인터뷰를 마치며

많은 탈북민들이 기본적으로 부채의식을 느낀다. 고향을 떠나온 데다 나만 한국에서 편하게 살고 있다는 마음, 북에 남겨진 이들에 대한 미안함이다. 하지만 정작 그들의 인생에서도 이곳에서 맨땅에 헤딩해도 부족한 게 현실이다. 한국사회에서 잘 정착하기란 그리 호락호락한 일이 아니다. 그래서 무사히 잘 정착하는 것만으로도 어쩌면 역할을 다하는 것일 수도 있다. 이토록 경쟁에 치열하고 각박한 사회에서 잘 살아낸다는 것 자체만으로도 성공하는 삶이니까. 그리고 이렇게 성공한 삶을 살아낸 이들은 잊지 않고 다음 스텝을 생각한다.

"떠나온 고향 땅을 위해 우리는 어떤 식으로 더 기여할 것인가?"

현재 대한민국에는 3만 5천여 명에 이르는 사람들이 탈북하여 정착해 살아가고 있다. 한국에 와서야 새로운 꿈을 찾은 사람들. 혹자들은 이들을 향해 '먼저 온 통일'이라고 말하지만 당사자인 청년들은 별 감흥이 없다. 모두 치열한 경쟁에서 살아남기 위해 또 다른 생존 투쟁을 하고 있을 뿐이다. 먹고사는 것도 급급한데 통일을 위한 소명이라니. 평범하게 산다는 것 자체가 어려운 현실에서 잠시 내려놨던 통일에 대한 열망은 조금씩 잊힌다. 한국사회 안에서의 정착은 점점 더 어려워져 사회문제로까지 대두되기 시작했다. 모두가 통합을 말하지만 잡음과 사각지대는 여전히 발생한다.

북한의 체제와 문화를 경험해 보지 않은 사람들에게 탈북자의 존재는 무엇일까? 통일 후 상황을 미리 경험해 볼 수 있는 실험체? 탈북자가 한국사회 제도권 안에서 잘 정착하여 산다면 문제가 없겠지만, 만약 그들이 정착에 어려움을 겪는다면 통일은 확실히 그만큼 멀어질 수밖에 없다. 앞선 인터뷰를 통해 나는 탈북 청년들의 입장에 서서 사회통합의 가능성과 한계를 엿보고 싶었다. 청년들의 적응기와 고민을 따라가다 보면 우리 사회가 갖고 있는 모순과 한계를 한층 깊게 바라볼 수 있겠다 싶었다. 무엇보다 집단으로 다가오는 '탈북자 사회'가 아니라, 개인으로 존재하는 청년의 고민이라면, 우리로서 한 발 더 다가가 보는 건 그리 어렵지 않을 것이다.

다시 쓰는 청년의 삶

처음부터, 기초부터

현재 대한민국에 입국한 탈북민 3만 5천여 명, 그중에 연령별 입국 현황을 보면 20~30대 청년이 60% 가까이 된다. 10대 청년 비율도 10%가 넘는다. 청년을 규정하는 기준이 저마다 다르겠지만, 요즘 일반적으로 적용하는 10~30대 MZ세대 기준으로 보면 무려 탈북민 70%가 청년들이다. 모두 새로운 정착지에서 저마다의 꿈을 실현하려는 청년들이다.

전체 탈북민 중 70%가 넘는 청년들은 대부분 북한에서 정규교육과정을 마치지 못했다. 탈북 시기에 몇 살이었는지에 따라 다르다. 10대 청소년의 경우 대부분 북에서 학교를 다녀본 적이 없거나 혹은 학교를 다닐 나이가 아니었다. 그래서 '받고 싶은 지원'이 뭐냐는 질문에 탈북민 청소년의 55%가 '학습, 학업지원'이라고 답했다. 북한에서 고등학교까지 정규교육을 마치고 왔더라도 교육격차와 교육내용의 차이로 인해 다시 기초부터 공부해야 한다. 비교적 어린 나이에 탈북하는 청소년의 경우 그나마 다행이다. 비슷한 연령으로 들어가 학습할 수 있기 때문이다. 하지만 20대 성인이 되어서 탈북한 청년들의 경우는 다르다. 취업현장에 뛰어드는 청년들을 제외하면 대부분 초중고 기초부터 다시 시작해야 한다. 한국은 어디든 취업을 하려면 적어도 '대졸'이 디폴트인 사회이기에 최소한 입사지원 기준에는 맞춰야 한다. 그렇게 탈북청년들은 늦은 나이에 입시공부를 시작해서 또래보다 적게는 서너 살, 많게는 떠동갑 나이에 대학생이 된다. 그나마 이것도 다행스러운 경우다. 공부할 여건조차 안 되는 청년들도 많다. 북에 남은 가족들에게 송금해주기 위해서라도 돈을 벌어야 하는 청년들은 취업과 창업에 뛰어들며 이마저도 남한 또래 청년들과 출발선이 다르다. 이렇게 대부분 늦은 나이에 다시 학력이나 커리어를 시작하지만 다행스러운 점은 시작이 늦었다고 해서 모든 부분에서 늦는 건 아니라는 것이다. 탈북민 청년들은 차근차근 밟아야 할 정규교육과정을 단기간에 습득해 버린다. 취업전선에서도 불굴의 의지로 어려움을 곧잘 이겨낸다. 어쩔 수 없는 상황이 주는 능력인 것이다. 이렇게 탈북민 청년들은 또래 젊은이들처럼 각자 속한 곳에서 잘 살아가고 있다.

그런데 탈북청년에게 주어진 고난은 공부하고 취업하는 것에 국한되지는 않는다. 새로운 체제, 시스템, 시장에서 살아남기 위해서는 모든 걸 바꾸고 적응해야 한다. 오랜 기간의 교육공백을 메꾸는 것도 벅찬데 일상생활부터 문화와 역사까지 부딪히는 모든 것을 내면화해야 하기 때문이다. '2022 북한이탈주민 사회통합조사'에 따르면, 지난 1년간 차별, 무시당한 경험이 있다고 응답한 탈북민 청년의 비율은 19.5%, 없다는 응답은 80.5%다. 수치만 본다면 긍정적이다. 그러나 19.5%가 무시할 만큼의 비중은 아니다. 19.5% 중에서 복수 응답으로 75%는 차별과 무시를 당한 이유가 '말투, 생활방식, 태도 등 문화적 소통방식이 다르다는 이유'라고 응답했고, 44%는 북한이탈주민에 대한 부정적 인식 때문이라고 응답했다. 결국 북한이탈주민은 '한국사람'처럼 보이기 위해 적응하는 시간이 꽤 필요하고, 대한민국에

도착해서 대학교 졸업까지 '어느 정도' 정착했음에도 차별과 무시에서 완전히 자유로울 수 없는 것이다.

꿈꾸는 청년들

북한사회는 정부당국이 직업을 선택한다. 청년들이 10년 가까이 20대를 군대에서 청춘을 바치고 나서 제대하면 기업소나 탄광, 농장 등 집단으로 배치된다. 최근 북한은 과거보다 시장이 활성화 돼서 조금은 달라졌다고 하나 직업선택의 자유가 없는 것은 여전하다. 물론 여러 이유로 군대를 가지 않았거나 제대한 학생들, 군대 가지 않은 여성들이 시장에서 장사하면서 사업을 키우기도 한다. 밑바닥 어딘가에서 시장경제의 흐름이 있다고 하더라도 그곳에서조차 본질적으로 꿈을 이루기 위한 직업 선택의 자유가 없는 건 매한가지다. 특히 한국에 정착한 탈북민 청년의 대부분이 북에서 꿈과는 거리가 먼 어려운 삶을 살다온 청년들이다. 그들은 당장 내일 먹을 식량을 마련하는 삶을 살았다. 중산층 이상의 생활을 하다가 탈북한 청년들도 있다. 그들은 생계를 위한 장사나 사업 같은 것을 했어도 자신이 원하는 꿈을 북한사회에서는 도저히 실현할 수 없다는 것을 깨달은 사람들이다. 꿈은 인생을 결정하는 중요한 요소다. 그래서 꿈을 위해서 기회를 위해서 탈북을 선택한다. 나 또한 북에서 꿈을 가져본 적이 없으며 한국에 와서 꿈에 대해 처음으로 고민했다. 좋은 사회에 대한 기준은 저마다 다르겠지만 나에겐 청년이 꿈을 꿀수 있느냐 없느냐가 좋은 사회인지 나쁜 사회인지 가르는 기준이다. 그런 면에서 한국 사회는 내게 좋은 사회이며 같은 의미로 탈북민 청년들 입장에서도 한국은 여전히 기회의 땅이다. 다만 한국 사회의 극심한 경쟁이 버티기가 힘들 정도로 치열할 뿐이다.

버텨내기

꿈을 이루는 것은 쉽지 않은 일이다. 남쪽에서 태어난 사람에게도 북쪽에서 온 사람에게도 자신의 꿈을 이룬다는 건 쉽지 않다. 하지만 중요한 차이가 있다. 북쪽에서 온 사람은 '본토'에서 나고 자란 사람들과 경쟁해야 한다는 것. 거기엔 애초부터 게임이 안 되는 꼬리표들이 붙는다. 사교육 세계 1위라는 대한민국, 유치원부터 영어를 접하는 환경, 입시교육이 자연스러운 문화… 이 속에서 성장한 본토 사람과 북쪽 사람 간의 경쟁은 계란으로 바위치기라고 해도 그리 틀린 말이 아니다. 특히 또래들과 길게는 10~15년의 교육격차가 있는 탈북 청년들에겐 가혹한 조건이다. 수단과 방법을 가리지 않고 밤낮 지식과 경험을 암기하듯 흡수해도 부족하다. 한국에서는 경제적 격차가 교육 격차를 만든다는 말도 있는데 이런 의미에서 탈북민들의 입지는 더욱 좁아진다. 한국 생활의 첫 시작을 기초생활수급자 신분으로 시작하는 탈북민들이 한국사회에서 새로운 꿈을 펼친다는 것은 현실적으로 어렵다. 상황이 이렇다 보니 정부의 북한이탈주민 교육지원 정책과 민간단체 및 종교단체들의 추가적인 교육지원은 탈북민 청년들의 교육 공백을 메꾸는 데 매우 큰 역할을 한다. 이를테면 탈북민 청년들이 대학교에 진학했을 때 정부에서는 8학기 동안 등록금을 지원해 준다. 그럼에도 불구하고 학업 중도포기 비율은 높은 편이다. 아르바이트와 학업을 병행해야 하기 때문이다. 물론 이는 일반 남한 청년들도 감당하는 일이다. 일과 공부를 병행하는 것으로 힘들다 불평할 수는 없다. 문제는 힘든 조건의 질적인 차이가 있다는 것이다. 대부분의 탈북민 청년은 집안의 가장 역할을 하며 이로 인해 아르바이트는 용돈을 버는 수준이 아니라 생업이 되어버린다. 이런 상황에서 하루 종일 공부만 해도 부족한 대학 전공 수업을 병행하다 보면 어느 순간 현실과 적당히 타협하게 된다. 그러면 우리는 대학교를 겨우 졸업하는 것 자체가 성공이 되고 만다.

이런 탈북민 청년들의 어려움은 명약관화해서 도움의 손길이 이어졌다. 일찍이 민간단체와 종교단체들 중심으로 지원에 나섰다. 장학금과 멘토링 등 교육지원이 다양해졌고, 그 덕분에 적지 않은 탈북민 청년들에게 아르바이트 대신 학업에 조금 더 집중할 수 있는 여건이 마련되기도 한다.

평균에 스며들기

'보통의 삶'은 누구나 누리는 삶 같지만 대한민국을 사는 탈북 청년들에게는 꿈이자 목표다. 대단한 승자의 꿈을 꾸는 게 아니다. 평범할 수 있다는 것, 그런 보통의 삶을 이루기 위해서 탈북 청년들은 치열하다. 그 치열함은 그저 '평균'에 스며들기 위한 노력이다. 학업에서, 생업에서, 취업에서, 모든 부분에서 반드시 '평균'이되고 싶다는 것, 돼야 한다는 열망이다. '평균'이란 무엇일까? 다양한 상황에서 다르게 적용될 '평균'의 기준은 무엇일까?

탈북민 청년들에게 '평균'이란 '한국사람'처럼 보이는 것이다. 북에서 왔다는 사실이 인생의 걸림돌이 되지 않는 것. 그렇게 되려면 일반 남한 청년들과 비슷해져야 한다. 교육 수준에서, 문화적 경험에서, 사람과의 관계에서 그러하다.

경제자본 모이기

당연한 얘기지만 장년 세대와 청년 세대는 적응 속도가 다르다. 탈북민 중에서 청년 세대의 한국 적응은 장년 세대들보다 훨씬 빨라서 정착한 지 불과 몇 개월만에 '한국 사람'이 되어버린다. 개인별 편차가 있겠지만, 대체로 여성이 더 빠르게 적응한다. 성별을 막론하고 일반 교육과정에 참여한 청년들은 그 속도가 더 빠르다. 뿐만 아니라 청년의 경우, 향후 이들이 누릴 사회적 자본과 경제적 자본, 문화적 자본과 인적자본에서도 다른 탈북민 그룹과 차이를 보이는데 이는 교육 과정 자체가 남한 청년들과 동등한 수준의 경험을 요구하기 때문이다. 달리 말해서 그들이 이런 요구에 응하기 위해 분투했다는 뜻이다. 탈북민 청년들에게 더 많은 자본의 획득은 매우 중요한 문제이다.

한국사회는 '혈연, 지연, 학연'으로 얽힌 사회다. 탈북 청년들은 '혈연, 지연, 학연' 중에 해당되는 '연줄'이 하나도 없다. 그리고 이 '연줄'이 곧 경제적 자본, 사회자본, 문화자본, 교육자본, 인적자본과 연결되어 있다는 사실을 알고 부족한 자본을 채우기 위해 애쓴다. 이 중 경제자본은 일정한 소득을 만드는 일인데, 이 기초적인 자본 획득이 탈북 청년들에게는 상당히 어렵다. 경제적 자본을 모으는 일이 코앞에 당면한 과제임에도 불구하고 물려받을 자산도, 의지할 가족도 없으니 무슨 일이든 시작하기 어려운 것이다.

사회자본 모으기

사회자본은 대인관계와 공유된 정체성이나 규범, 상호작용을 통해 사회 집단에서 효과적인 기능을 하는 것으로 이해할 수 있다. '관계'의 사회적 채무로, 쉽게 말해 '인맥'을 의미한다. 탈북민 청년들은 '인맥'이 없다. 어릴 적부터 성장하며 형성되는 인맥, 부모와 지인들의 관계에서, 사회적 활동에서 형성된 인맥들은 쉽게 경제적 자본으로 나타난다. 어려운 부탁이라도 할 사람이 주변에 있느냐 없느냐는 매우 중요한 차이다. 인맥은 곧 신뢰의 문제로 연결된다. 아는 사람이 소개해 준 사람을 채용하는 건 자연스러운 풍토다. 탈북민 청년들은 인맥이 아예 없거나 부족할 수밖에 없다. 좋은 자리가 있어도 아는 사람이 있어야 소개를 해줄 테니 말이다. 이뿐이 아니다. 사회자본 형성은 탈북민 청년들의 한국 사회 적응에 매우 중요한 요소다. '외로움'이 사회적 문제로 대두된 요즘 청년들의 '고독사' 소식이 흔치않게 들린다. 탈북민 청년들이 자주 실패에 부딪히는 이유는 바로 '인맥' 부재로 인한 외로움이다. 어려움에 처했을 때 물어볼 사람 한 명이라도, 그런 친구가 한 명이라도 있었다면, 극단적인 상황까지 내몰리지 않았을 인생이 주변에 적지 않다.

인간관계는 어렵다. 사람 때문에 울고 웃는다. 탈북민 청년들도 마찬가지다. 남한 사람들과의 관계 형성은 어려운 숙제이다. 이질적인 문화적 경험은 관계 맺기를 제한하는 장애이다. 말투와 억양, 의사소통 방식과 대화법은 대표적인 어려움이다. '북한말투'스럽게 들리면 경계심이 발동한다. 그래서 많은 탈북민 청년들이 입에 연필을 가로물고 서울말을 따라하려고 애쓴다. 그런 와중에 탈북민 청년들에게 사회적 자본을 형성하는 데 중요한 공간을 제공하는 곳이 바로 종교다. 특히 기독교는 탈북민 청년들에게 우호적이며 장학금이나 생활지원금 등 다양한 방식으로 지원한다. 특히 북한선교 부서가 있는 대형교회를 중심으로 '통일선교예배' 등 탈북민 청년들과 함께하는 종교활동은 탈북민 청년들의 남한 사람들과의 관계를 이어주는 중요한 역할을 한다. 청년들의 민간단체 활동도 사회자본 형성을 돕는다. '통일'이나 '북한인권' 등을 주제로 한 다양한 민간단체들의 활동사업에 참여하는 탈북민 청년들의 관계 형성이 이후 사회자본으로 작용하고 종종 취업으로 연결되기도 한다. 하지만 사회자본 형성에 가장 중요한 요인은 교육이다. 대학교 졸업 후 석사 또는 박사과정 등 일정 수준 이상의 교육자본은 사회적 관계형성에서 접촉할 수 있는 공간을 확장시키기 때문이다. 전문가 그룹과의 접촉, 사회적으로 또 경제적으로 어느 정도 상층에 있는 사람들과의 접촉은 탈북민 청년들에게 중요한 인적자원이 된다.

문화자본 모으기

문화자본 또한 비슷한 어려움이 있다. 문화자본의 사전적 의미는 사회적으로 물려받은 계급적 배경에 의해 자연스럽게 형성된 지속적인 문화적 취향을 말한다. 문화자본은 사회적 관계로서 기능하며, 사회적 지위와 힘을 형성하는 축적된 문화적 지식이기도 하다. 쉽게 말해 남한 청년들이 성장하며 또래들과 경험한 문화적 자산과 지식들이 사회적 관계를 형성할 때 경제적 자본으로 변환된다. 또한 사회자본을 형성하는 주요 요소인 '공통성'을 제공한다. 탈북민 청년들이 사회주의 또는 전체주의 사회인 북한에서 경험한 문화자본은 한국 사회에서는 경제자본으로 변환되지 않는다. 오히려 북한에서 체득한 지식과 경험, 태도와 습관, 문화적 전통과 경험은 '버려야' 하거나 깨끗이 '씻어내야' 하는 '과거'로 치부된다. 철저히 '한국사람'처럼 보여야 잘 적응할 수 있는 사회 풍토에서 북한의 문화자본은 오해나 편견만 살 뿐 가치는 없다. 비슷한 연령대의 젊은이들이 경험하고 공유하는 문화적 경험은 탈북민 청년들이 남한 청년들과의 일상적인 소통에서도 단절을 불러온다. 성장한 환경이 다르니 대화의 단절이 발생하는 것이다. 요즘 같이 트렌드에 민감하고 개성과 취향에 따라 어울리는 소비문화가 전반적으로 공유되는 시대에는 '공통의 경험'이 관계를 더욱 친밀하게 만드는 게 사실이다.

다행히도 아주 빠르게 공통 경험을 수용할 수 있다는 것이 한국 사회의 장점이기도 하다. 비록 탈북 청년들의 문화자본 축적과 형성은 남한 청년들에 비해 다소 늦은 나이에 시작될지라도, 결국에는 익숙해지고 내면화된다. 학업과 생업에 바쁜 것은 사실이지만 OTT의 등장 등으로 콘텐츠의 다양한 접근 또한 가능해졌기 때문이다.

교육자본 모이기

교육자본은 탈북민 청년들의 사회자본 획득에 가장 큰 요소이다. 사회자본과 달리 교육자본은 탈북 청년들이 어느 정도의 시간과 비용을 투자하면 일정 수준 이상으로 획득할 수 있다. 다만 오랜 교육 공백으로 말미암아 탈북민 청년들에게 고유한 어려움이 있을 뿐이다.

겨우 졸업한 대학 졸업증을 교육자본이라고 말하기는 어렵겠지만, 그들이 이 사회에 대한 지식을 얻고, 적응하고, 기회를 얻기 위한 가장 효과적인 수단임에 틀림없다.

교육자본은 단지 대학교 졸업장을 비롯한 일정 수준의 교육수준만을 의미하지는 않는다. 물론 이런 양적 교육수준이 가장 중요한 요소이긴 하나 '입시 공화국'에서 성장한 남한 청년들과의 교육자본의 차이는 여러 방면에서 드러난다. 콜맨(Coleman)에 따르면, 교육자본 형성에 영향을 미치는 요소는 부모의 물질적 지원, 부모의 교육수준과 인지적 환경, 부모와 자녀사이의 사회적 관계 속에서 형성되는 부모의 관심 등이 있다. 부모의 역할은 자녀의 교육수준에 중요한 역할을 미친다. 부의 대물림 뿐 아니라 교육의 대물림도 사회적 문제가 된다. 그런데 그런 부모의 역할이 탈북민 청년들에게는 없다. 성인 탈북민들의 70%가 고졸임을 감안한다면, 부모의 역할과 관계에 의해 형성되는 교육자본을 기대하기는 어렵다. 더욱이 탈북한 부모세대는 안정된 적응 없이 곧바로 생업에 뛰어들었기 때문에, 그들 또한 한국의 교육 환경을 이해하거나 익숙해질 만한 경험이 없다. 따라서 자녀세대의 교육에 관한 한, 탈북 가족 내에서 의사소통은 거의 단절되어 있다고 볼 수 있다. 물론 이런 케이스는 부모들과 함께 한국에 정착한 청년들에게만 해당된다. 홀로 한국에 정착한 청년들의 경우 교육자본 형성에서 부모의 역할 자체가 존재하지 않는다. 어쨌든 교육자본은 탈북민 청년들에게 사회적 지위 향상을 결정짓는 절대적으로 중요한 요소이다.

'평균'에 스며들기

'연줄' 사회에서 살아남기 위한 탈북민 청년들의 분투는 치열하다. 어떻게든 '평균'에 속해야 한다. 탈북 청년들은 북한 출신이라는 이유로 쉽게 과소평가된다. 단지 그곳에서 태어났다는 이유로 감시와 경계의 대상, 혐오와 회피의 대상이 되기 때문에, 차라리 출신을 숨겨버리는 경우가 다반사다. 태어난 고향이 실력보다 더 중요할 수 있다. 이곳에서 유일하게 편견을 깰 수 있는 방법은 자신들이 과소평가됐음을 실력으로 증명하는 것이며, 그런 실력을 갖추는 일이다. 탈북 청년들이 이런 간단한 원리를 모르지는 않는다. 그래서 그들은 다양한 교육자본 획득에 총력을 기울인다. 나 또한 그랬다. 남의 시선을 신경 쓰며 살 필요는 없겠지만, 그 시선이 긋는 잣대를 깨뜨릴 필요가 있었고, 그러기 위해서는 실력이 필요했다. 최고가 될 필요는 없었지만 뒤쳐져서는 안 됐다.

탈북민 한 사람이 사회에서 인정받는 것은 탈북민 사회 전체 입장에서 아주 중요하다. 한 사람이 사회 전체를 대표하는 경향이 생기기 때문이다. 실제로 많은 이가 이런 생각으로 사회 다양한 분야에 도전한다. 취업도 그중 하나다. 인사담당자는 출신 배경과 문화적 경험을 두루 살펴볼 것이다. 겉으로 드러나지 않아도 그런 배경이 합격과 탈락을 결정짓는 중요한 변수로 작용할 것이며, 어디에서든지 선입견이 있을 것이다. 이미 결정된 배경과 경험을 바꿀 수 없는 탈북 청년들은 결국 선입견을 허무는 방법을 스스로 찾을 수밖에 없다. 어떤 방법으로 선입견을 허물겠는가? 이에 대한 나의 답변은 그저 '실력'이었다. 그렇지만 또 다른 방법을 찾아낸 청년들도 있을 것이다. 어쨌든 우리들은 오늘도 평균 속에 스며들기 위해, 보통의 대한민국 청년이 되기 위해 이러한 고민들을 하며 살아간다.

2부
먼저 온 통일이라는 신화

존재의 문제

먼저 온 통일이 겪는 현실의 벽

북한, 제대로 들여다보기

존재의 문제

소비되는 정체성

현재 한국사회에는 대략 3만 5천명에 가까운 '탈북민'들이 정착해 있다. 이들을 지칭하는 법적 용어는 '북한을 탈출하여 온 사람들'이라는 의미의 '북한이탈주민'이다. 흔히 '탈북민' 또는 '탈북자'라고 한다. '탈북자'라는 표현에 대한 거부감 때문에 '새터민'이라는 새로운 용어가 등장하기도 했다. 한국에 '새로 터를 잡은 사람들'이라는 의미다. 하지만 당사자인 북에서 온 사람들에게서 '새터민'이라는 용어는 그닥 큰 호응을 얻지는 못했다. 새터민이라는 말이 따뜻한 어감일지는 몰라도 남쪽에서 북쪽을 바라본 용어여서 남쪽 사람들과는 다르게 아주 좋게만 들리지 않는 것이다. '북에서 온 사람들이 새터민이면 남에서 나고 자란 사람들은 헌터민인가?'라는 반응도 있다. 최근에는 북한에 고향을 둔 사람들이라는 의미로 '북향민'이라는 용어가 새롭게 등장했다. 어쨌든 일반 사람들은 북에서 온 사람들을 '탈북자', '탈북민', '새터민', '북향민' 등 다양하게 호명한다. 사람들은 줄임말을 습관적으로 사용하니, '북한이탈주민'의 줄임말로 '탈북민'이 널리 사용된다.

정체성은 예민한 문제이다. 정체성을 고민하는 사람에게는 자신이 어떻게 호명되는지 민감할 수밖에 없다. 요컨대 '탈북'이라는 정체성을 가진 사람들에게는, 그들을 일컬어 사회가 어떤 이름으로 호칭하는지, 그 호칭 문제가 생각보다 민감하다. 물론 북에서 온 당사자들 중에서도 호칭이 뭐가 중요하냐고 반문하는 사람도 있다. 뭐라고 불리던 북에서 온 사람들을 타자로, 이방인으로 바라보는 관점은 본질적으로 큰 차이가 없다는 것이다. 사실 맞는 말이다. 호칭 하나 바꾼다고 리얼리티가 달라지는 건 아니다. 호칭보다는 리얼리티가 중요하다. 그들을 어떻게 부르느냐의 문제보다 그들을 바라보는 사회적 시각과 그들에 대한 사회 정책이 실제적으로 더 중요하다. 어떻게 호칭하든 그 호칭에 의해 현실이 당장 달라지는 것도 아니다. 그렇지만 개념이 존재에 영향을 미친다는 것도 우리 인류에게는 오래된 사실이다. 예를 들어 철학의 한 분야인 존재론(Ontologoy)은 존재 그 자체를 객관적으로 혹은 과학적으로 설명하는 학문이 아니다. 존재에 대한 개념 분류를 통해 존재를 이해하고 사유하는 것이다. 즉 어떻게 사유하느냐에 따라 존재가 달라진다는 의미이고, 그런데 그 사유는 개념에 의존하며, 그 개념은 단어이고, 결과적으로 호칭이기 때문에, 결국 호칭 문제는 존재의 문제가 된다. 그리고 존재의 문제는 다른 말로 정체성의 문제이다.

'탈북'이라는 이름으로 불리는 정체성도 마찬가지다. 호칭이 변화하는 것은 존재가 변화하는 것이다. '탈북자'라는 단어는 북한에서 탈출한 사람이라는 존재를 규정한다. 이 존재는 북한과 단절되어 있고, 다시금 연결될 가능성이 차단되어 있다. 그럼에도 탈북자를 일컬어 '먼저 온 통일'이라고 한다. 존재가 어긋나 있는 것이다. 이쪽 존재는 단절이다. 저쪽 존재는 연결이다. 그런데 둘이 같은 존재라는 것이다. 이런 분열된 존재 문제를 극복하려면 호칭을 바꿔야 한다. 다시 말해서 나는 단순히 '북한 탈출'이라는 의미를 넘어 '통일'까지 생각해야 한다는 입장이고, 그러려면 북한과 단절된 존재보다는 북한과 연결된 존재가 더 바람직하다는 입장이다. 그러므로 나는 분열된 존재의 극복이라는 관점에서 탈북자, 탈북민이라는 단어 대신에 새롭게 제시된 '북향민'이라는 용어를 쓰고자 한다.

새로운 호칭, 북향민

북향민(北鄕民), 북쪽에 고향을 둔 사람들을 지칭하는 의미다. '탈북'은 북한을 떠났다는 의미에 중점을 두므로 분단의 상징 그 자체라고 할 수 있다. 북한을 떠나 한국에서 새로운 삶을 개척한 사람들 모두가 '떠난 사람'이라는 정체성으로 불리는 것이다. 상황이 이렇기 때문에 북향민들이 갖는 설움 또는 서운함이 '탈북자'라는 호칭에서부터 시작된다고 볼 수도 있다. 이왕 정체성으로 호명되어야 한다면 '북향민'이라는 단어가 어감상으로도 더 부드럽다. '이런 존재'에서는 분단과 체제대결이 느껴지지 않는다. 민감하게 거론되는 이념도 넘어선, 존재 그 자체로서의 이름이다. 단어 하나를 바꿈으로서 존재가 변화한다. '탈북자'라는 기존 단어가 가질 수 있는 존재의 설움도 줄어든다. 그렇다면 시도 해볼 만한 선택이 아닐까?

북향민과 비슷하게 호명되는 사람들이 있다. 바로 실향민(失鄕民)이다. 실향민은 한자 의미 그대로 '고향을 잃고 타향에서 지내는 백성'이다. 북쪽이 고향이었으나 잃은 사람들. 분단과 전쟁으로 하나의 국가는 남과 북으로 분단되었고, 두 개의 국가 모두 각자 소속된 곳에서 터전을 닦았다. 북쪽은 인민으로, 남쪽은 국민으로. 그래서 실향민들은 돌아가도 되찾을 고향이 없다. 북쪽에 남은 가족이 있음에도 실향민들의 고향은 기록으로만 남은 채 사실상 소멸되었다. 그래서 실향민은 현실적으로도 고향을 잃은 사람들이다. 이 존재는 단절된 존재다. 연결이 없다. 반면 북향민은 여전히 북에 고향이 존재한다. 그곳에 가족들이 살고 있는 경우도 많다. 그래서 의미상으로도 '북쪽에 고향을 둔 사람들'이라는 뜻의 북향민이 적절하다고 생각한다.

그러나, 그럼에도 불구하고 누군가, 다시, '왜 굳이 북향민으로 바꿔야 하는가?'라고 묻는다면, 내가 '존재의 문제'라고 답했음에도 그 답이 그이를 만족시키지 못했다면, 이번에 나는 '현실의 문제'로 다시 답해 보고자한다. 바로 '북향민'이라는 용어가 체제경쟁에 유리하다는 것이다.

'탈북'이라는 정체성은 분단의 상징이자 결과물이다. 여기서 탈북자는 분단체제가 낳은 존재들로 조난자이자 경계인들이 되고 만다. 그래서 북에서 온 이들은 스스로를 자유인, 통일인, 통일민 등으로 부르며 자기 정체성을 새롭게 확립하려 한다. 하지만 이런 용어들 모두 분단과 체제 대결의 현실을 상징하는 의미 이상을 넘어서지 못하거나, 정치적 이상향을 진술한 용어에 불과하다. 정치적 이상향은 그 이상향에 동의하지 않거나 그런 이상향을 주창하는 사람들과의 어울림에 동의하지 않는다면 소외와 배제를 낳는다. 게다가 남한 사람들은 자유인이 아니며 통일이나 통일민이 아닌가라는 반문에 답할 수 없다. 결국 '탈북자'라는 용어가 우세할 뿐이다.

북향민들이 계속 '탈북자'로 규정되는 한 우리는 일상의 대화에서까지도 '분단'에 종속되게 된다. 사실 '탈북자'들은 분단과 체제 경쟁에서의 패자와 승자 모두에게 환영받지 못하는 존재이다. 승자 입장의 남쪽에서 탈북자는 정치적으로는 환영받을지 모르지만, 사회적으로 또 문화적으로는 여전히 외부에 겉도는 사회적 타자로서 존재한다. 마치 이방인들처럼 말이다. 개인적인 경험상 한국 사람들의 마음의 벽은 생각보다 높고, 그래서 '탈북자'라는 정체성을 벗어 던지지 않는 한 이들에게 근본적인 신뢰감을 주기 힘들었다(물론 모두가 불신한다는 뜻은 아니다. 친절한 사람도 많다). 한국사회에서 살아남기 위한 끝없는 인정투쟁과 신뢰투쟁이라는 과제가 놓인다. 인정투쟁과 신뢰투쟁은 주류에 서지 못한 사람들이 해야 하는 것으로 당연시되는 숙명 같은 것이기도 하다.

특별한 경험, 그러나 평범한 사람들

그렇다면 '북향민'으로 불리면 모두가 만족할 것인가? 그건 또 아니다. 북에서 온 사람들 중에는 '북향민'으로 불리기 싫다는 사람들도 있고, 아무 정체성도 부여하지 말라는 사람들도 많다. 나 또한 아무 정체성으로도 불리고 싶지 않다. 그럼에도 불구하고 어쨌든 호칭이 필요하고, 그 호칭에 의해 정체성이 구성될 수밖에 없다. 일단 사회 자체가 우리를 그렇게 분류해서 '아무튼 호칭되는' 문제는 피할 수 없다. 이런 상황에서 호칭을 바꾸는 것은 존재의 문제이기도 하지만, 현실적으로는 정체성에서 비롯되는 오해와 편견을 유용하게 줄일 수 있다는 실사구시의 대안으로 활용될 수 있다.

북향민들은 특별한 사람들이 아니다. 그저 인생 중간에 대한민국 국민이 되었고, 그전까지 살아왔던 경험이 조금 다른 사람들일 뿐이다. 이들은 지금 보통의 시민으로 각자 자신의 위치에서 살아간다. 언론에서는 — 언론의 속성이 늘 그런 것이지만 — 어떤 특별한 북향민이 많이 비쳐지기도 하지만, 일반적으로는 평범한 모습으로 살아가는 사람들이다. 조용히 살아가는 북향민들의 모습이 언론에 비쳐지지 않고 여기에서도 언급되지 않는 이유는 굳이 보여줄 필요가 없기 때문이다. 그리고 그들 또한 언급되기를 원치 않는다.

"굳이 밝히고 싶지 않다"

많은 북향민 청년들은 북한에서 왔다는 사실을 굳이 밝히지 않는다. 대개는 숨기며 살아간다. 먼저 밝히는 청년들은 소수이다. 북한에서 왔다는 사실이 알려져 봤자 손해일 뿐이라는 걸 알기 때문이다. 구경꾼에 둘러싸인 동물원 원숭이 기분을 경험하는 것은 예사이고 질문 폭탄을 받기 일쑤다. 북한에서 왔다는 것 자체가 신기하고 만나는 경험이 생소할 수 있다는 건 충분히 이해할 수 있다. 5,300만 인구 중에 3만 5천 명이면 겨우 0.06%밖에 안되니 실제로 주변에서 북한에서 온 사람을 만날 기회가 극도로 적다. 북향민 관련 일을 하거나 적어도 자원봉사라도 해본 사람이 아니라면 뉴스에서나 본 사람들일 뿐이다. 그러다가 우연히 북향민을 직접 대면하게 되면, 고향이 어디냐, 어떻게 탈북했냐고 질문한다. 질문하는 사람은 만남 자체가 우연이고 흔한 일이 아니다. 그러나 북향민은 그런 질문이 필연적이고 흔한 일이다. 단답형으로 대답할 수도 없는 질문이어서 피로가 쌓인다. 이런 이유 때문에 차라리 출신을 숨겨버리는 것이다. 진짜 문제는 따로 있다. '북한 출신'이라는 이유로 학업에서, 생업에서, 취업에서, 관계에서 배제될 수도 있다는 우려 때문이다. 실제로 나이가 어린 학생들의 경우 일반 학교에서 따돌림이나 친구관계의 어려움을 겪는 경우가 종종 생기고, 이로 인해 학업을 중도포기하고 북한 출신 학생들만 다니는 대안학교로 이동하기도 한다. 이는 학생이 성인이 된

대학교에서도 크게 다르지 않다. 겉으로는 원만한 교우 관계를 보이지만, '북한 출신'이라는 꼬리표는 알게 모르게 친구들과의 관계를 어색하게 만든다. 개인에 따라 다른 문제라 함부로 이야기할 수는 없겠지만, 겉보기에 문제 없는 '학우 관계'는 유지해도 '찐친'의 관계로 들어가기는 어렵다는 게 대다수의 이야기다. 남한출신이나 북한출신이나 서로에 대한 무의식적인 '경계심'이 있는 것일까?

생업 현장에서도 비슷한 상황이 이어진다. 우선 이력서와 자기소개서에 '태어난 곳: 북한'이라는 문구를 넣을 수 없다. 있어 봤자 업무역량과는 상관없는 흥밋거리가 될 뿐이다. 인사담당자 입장에서 생각해 봐도 회사에 적합한 인물을 뽑는데 '북한출신'이 장점으로 작용할 가능성은 희박할 것 같다. 북한연구나 북한정보 관련 업무를 하는 회사가 아니라면 말이다. 일단 북한이라는 곳 자체가 기업에게 기회를 주는 시장이 전혀 아니다. 그러니 장점이 없다. 취업이 곧 생존인 북한출신 청년늘은 당연히 이력서에 '북한' 글자를 지울 테고, 한국사회의 치열한 취업 생태계를 허투루 본, 순진한 나 같은 사람만이 이력서에 떡하니 북한출신을 기록하는 것이다. 나는 누가 봐도 북한출신임이 자명한 이력서와 자소서를 제출했고 '광탈(빛의 속도로 탈락)'을 반복하고 나서야 겨우 이력서에서 출신을 지웠다. 그러고 나서 깨달은 건 출신을 지우면 적어도 서류전형은 어렵지 않게 통과한다는 사실이었다. 이 경험을 비추어 보면 취업시장에서 '북한출신'을 밝히는 것은 곧 '광탈'을 의미한다.

의도치 않은 낙인

어떤 사람들은 이렇게 묻는다. 북한출신임을 왜 굳이 밝히는 거냐고, 처음부터 안 밝히면 해결되는 문제가 아니냐고. 그런데 한국 사회에서 출신이란 기호에 따라 밝히는 정보가 아니라 의도치 않게 밝혀지는 '낙인'이란 게 문제였다. 일례로 이력서가 그렇다. 고향을 묻지는 않지만 고등학교는 기입해야 한다. 거기에 북한학교나 또는 검정고시학원 이름이 들어간다. 차마 거짓을 적을 수는 없어서 아무것도 적지 않으면 채용담당자는 그 이유를 되묻곤 한다. 그렇게 고향과 출신이 밝혀지는 것이다.

그렇게 여차저차 어려운 관문을 뚫고 취업문을 통과해도 문제가 해결되는 것은 아니다. 동료들과의 문제가 있다. 높은 경쟁을 뚫고 취직해도, 아는 사람의 소개로 일을 시작해도 일터에서 겪는 문제는 대체로 비슷했다. '출신' 때문에 겪는 오해와 편견들, 그로 인해 상처를 받은 북향민들은 퇴사나 이직을 강요받게 된다. 이들의 근속기간이 일반 남한사람들의 절반밖에 되지 않는다. 특히 장년세대일수록, 북에서 온지 얼마 안 될수록 짧다. 북한 말투와 습관들은 쉽게 바뀌지 않았고, 대화방식과 문화차이 때문에 직장 동료 또는 상사와 잦은 갈등을 겪는다. 억울하게도 대부분의 문제가 오해와 편견 때문에 발생한다는 점이다. 업무에 대한 숙련도로 인한 갈등이야 출신을 떠나 어느 현장에서든 생길 수 있다. 일 못하면 혼나거나 갈등이 생길 수밖에 없다. 하지만 의사소통 방식의 차이, 말투, 북한출신이라는 선입견은 금방 해결될 수 있는 갈등도 크게 키우고 만다. '그럴 의도'가 없었다고 해도 결국 관계는 어려워졌고 쌍방의 신뢰에 문제가 생겨 결국 북한출신이 퇴사하는 쪽을 선택하게 되는 것이다. '출신' 때문에 상대방을 다른 잣대로 보는 것은 분명한 편견임에도 이를 심각하게 여기는 사람이 드물다. 출신에 대한 편견이 없더라도 업무에서 생길 수 있는 작은 실수가 출신으로 연결해 확증편향으로 나아가는 경우도 생긴다. "거봐 북한에서 와서 그래", "북한에서 와서 그런지 잘 몰라"와 같은 말들. 이런 모습은 언어 자체가 다른 동남아 외국인 노동자들이 겪는 일상과 닮아 있다.

변하는 청년들

다행스럽게도 요즘 10대 북향민 청년들은 조금 다르다. 통일부 산하 남북하나재단에서 해마다 실시하는 '2022년 탈북청소년 사회통합조사' 내용을 보면 응답자 청소년 중 91%가 일반 정규학교에 재학 중이며 학력인정 대안학교 재학 중인 학생은 6.1%에 그쳤다. 정규 학교에 재학 중인 학생은 고등학생이 48%로 가장 많았고 중학교 재학이 37%였다. 이들의 학교생활 만족도는 81%로 높게 나타났으며, 이는 일반 남한 청소년이 느끼는 만족도인 51%보다 30%나 더 높다. 학교생활 중 가장 큰 어려움이 무엇인지 묻는 질문에서는 '별어려움이 없다'는 응답이 61%로 가장 높았고, 두 번째로 24%가 학교 수업 따라가기 어렵다는 응답을 보였다. 대부분의 10대 북한출신 청소년들이 학교수업에 대한 만족도가 높으며 잘 적응하고 있는 것이다. 학교 친구들에 대한 생각을 묻는 질문에, 83%가 자신을 잘 이해해 준다고 답했다. 진로나 진학에 대해서도 66%가 대학교 입학을 희망했고 하고 싶은 일 중 1위는 보건, 의료직이었다. 직업 선택시 중요한 요소가 뭐냐는 질문에는 40%가 '적성 또는 흥미'라고 답했다. 일반 청소년들과 특별히 다를 바 없는 응답들이었다. 북한 출신 공개 여부에 대한 질문에 '밝히는 편'이라고 응답한 비율은 38%이고, '밝히지 않는 편'이라는 응답은 62%였다. 북한 출신임을 밝히지 않는 이유에 대해서는 '굳이 밝힐 필요가 없다고 생각해서'라는 응답이 69%로 나타났고 그 뒤로 11%는 '차별 대우를 받을까봐'라고 응답했다. 이는 매우 중요한 의미가 있는 변화이다. '굳이 밝힐 필요가 없다'는 것은 한국사회를 살아가는 데 '출신'이 마이너스로 작용해서이기도 하지만 사회를 겪어본 경험이 덜한 청소년들에게는 문자 그대로 '출신을 밝히는 게 특별한 의미가 없음'을 뜻하기도 하기 때문이다. 즉 긍정과 부정의 의미를 모두 내포하고 있는 셈이다. 한국사회에서 북향민을 바라보는 시선에 차별이 없어지면 출신을 굳이 밝힐 필요가 없어지게 된다. 이는 그만큼 '북향민'들과 '북향민 이슈'가 대한민국 사회에서 익숙해졌다는 의미가 아닐까?

(위의 조사는 2022년 5월 기준 통일부에 등록되어 있
는 만 10세에서 만 18세 사이의 탈북청소년 전체 인구
인 706명을 대상으로 조사모집단을 구성한 것이다.)

정체성, 당당한 상처

우리는 종종 "나답다", "너답다"라는 말을 한다. '~답
다'는 말은 어떤 '성질이나 특성 또는 자격이 있음'을
뜻하는 형용사를 만드는 접미사다. 흔히 "너답다"고 할
때는 바로 그 사람의 모습과 특징이 잘 나타날 때, 즉
그 사람의 정체성이 잘 나타날 때 이런 말을 한다. 사람
들은 대개 자신의 정체성을 숨긴 채 다른 사람들과 관
계를 가지는 것에 대한 불편함을 느낀다. 잠깐은 숨길
수 있어서, 스스로 잘 숨기고 있다고 생각해도 마음에
는 불편함이 있을 수밖에 없다. 말투가 어색하고 살아
온 지난 삶과 문화적 경험이 다르면 자연스러운 대화
가 쉽게 어색해진다. '너'와 '나'가 다른 것은 매우 자연

스러운 '정상적인' 것이지만, 아쉽게도 한국 사회에서 이런 경우는 대개 외국들과 함께 있는 상황일 경우다. 북에서 왔다는 사실을 애써 밝히고 싶어 하지 않는 북향민 청년들은, 특히 나이가 젊고 여성일수록, 자기 자신을 숨겨야 하는 불편함을 안고 평범해지고자 애쓴다. 중국 땅에서 살 때는 잡혀가지 않으려 정체성을 철저히 숨겨야 했는데, 자유를 찾아온 대한민국에서는 사는 게 편하려고 정체성을 숨기는 것이다. 정체성은 벗어던질 수 없는 고유한 것임에도 청년들이 오해와 편견에 귀찮고 짜증이 나서 '탈북' 정체성을 숨긴다.

북향민들에게 '탈북자'라는 정체성은 대부분 불편함을 동반하지만, 누군가는 이 정체성 때문에 더욱 용기를 내서 당당하게, 혹은 악착같이 살아간다. 나를 강하게 만드는 것이 바로 '탈북'이라는 이 정체성이었다. 한국 사회에서 '탈북자'라는 존재는 자주 사회적 약자, 보호의 대상, 동정의 대상으로 읽히고 때론 혐오의 대상이 되기도 하지만, 사실 북향민들은 냉혹한 생존 싸움을 이겨낸 사람들이다. 이는 대부분의 남한 사람들이 겪어보지 못한 고통을 이겨낸 것으로, 내게는 이 정체성 자체가 용기를 낼 수 있는 힘을 주었다.

북향민이라는 존재는 더 당당해져도 괜찮다. 사회적 시선과 편견은 극복해야 할 일이고, 극복될 것이다. 다소 시간이 걸리겠지만 시간은 우리에게 유리하다.

먼저 온 통일이 겪는 현실의 벽

경계를 넘은 사람들

북향민들은 남한에서 각자 새로운 삶을 개척해 나가는 사람들로 사회주의와 자본주의, 독재와 민주주의를 둘 다 경험한 사람들이다. 두 체제 안에서 살았다는 건 굉장히 특이한 경험을 가졌다는 뜻인데 그래서 일각에서는 북향민들이 남과 북을 잇는 통일 브리지, 즉 가교역할을 할 수 있을 거라는 기대가 있다. 하지만 정작 한국사회에서 그들이 살아가는 현실은 녹록치 않다. 고도로 양극화된 한국사회에서, 그것도 치열한 경쟁사회에서 살아남는 것은 남한에서 나고 자란 사람들에게조차 어려운 일이니 북향민의 입장에서는 더욱 그러할 것이다.

누구에게나 마찬가지겠지만, 북향민들에게도 먹고사는 문제가 무엇보다 중요하다. 그래서 이상적인 가교역할은 너무 멀기만 하다.

남한에서 살아가는 북향민들의 이야기는 북한 주민들, 남아있는 가족들에게 전달되곤 한다. 북한 사람들이 탈북을 하면 북에 남아있는 가족들과 영영 소식이 끊기기도 하지만, 브로커를 통해 북한에 남은 가족들과 주기적으로 소통하는 사람들도 적지 않다. 길게 전할 수는 없지만, 수화기 너머로 짧게 전달되는 목소리만으로도 북한 사람들은 많은 정보를 얻는다. 희망과 걱정이 모두 담겨있는 목소리. 먼저 탈북한 사람들은 어떻게든 남은 가족들을 데려오고자 있는 돈 없는 돈 끌어다 탈북 브로커 비용으로 쓰고, 그렇게 남한에 있는 가족을 믿고 탈북한 사람들이 많다. 하지만 브로커 비용은 탈북을 위한 과정에 쓰일 뿐 사람의 안전까지 보장해 주지는 않고, 탈북 과정에서 적지 않은 사람들이 중국 공안이나 군인에게 붙잡혀 북송되기도 한다. 북송되면 탈북하기 전보다도 못한 상황이 되고 만다. 그러면 남쪽에서 가족들을 데려오려 애썼던 북향민들은 브로커 비용 마련 때문에 빚만 진 채 아무것도 얻지 못한다. 그런데 무사히 탈북하면 해피엔딩일까? 최근에는 한국에서도 살기 힘들다 말하는 북향민들이 늘어났다. 그렇다보니 그들도 북에 남은 가족들에게 소식을 전할 때 희망보다는 그들이 처한 현실을 그대로 전달하는 편이다. 기회의 땅 남한도 살아가기에는 벅찬 곳이라면서. 이렇게 전달된 이야기가 북에서 조용히 퍼져간다. 이런 점에서 통일과 북향민은 떼어놓을 수 없는 관계라 하겠다. 북향민들의 한국사회 정착이 통일준비 과정에서 중요한 역할을 할 수도 있다는 이야기다. 북향민의 사회 정착은 그것이 갖는 상징적인 의미만이 아닌 북한 사회에 은연 중에 퍼져나가는 현실적인 민간 교류 역할도 한다는 것이고, 그래서 당신들이 알아서 생존하라고 방치할 문제는 아니다. 적어도 우리가 통일을 추구한다면 말이다.

북향민들을 통일의 '리트머스 시험지'라고 말하는 사람들이 있다. 향후 북한 주민들과 통합에 대비했을 때 미리 북향민들의 삶을 들여다보면 미리 남북한 주민 통합을 경험을 해볼 수 있다는 얘기다. 북향민들이 한국 사회 제도권 안에서 잘 정착하여 산다면 통일은 가까워질 것이고, 반대로 북향민들이 정착에 어려움을 겪는다면 통일 또한 멀어질 수밖에 없다는 논리다. 이런 점에서 북향민들과의 사회통합은 중요하며 이들이 얼마나 잘 정착해서 사는지 살펴봐야 한다. 북향민들이 그 출신배경에도 불구하고 한국사회에서 보통의 시민으로, 대한민국 국민으로 잘 살아간다고 여긴다면, 이들의 삶은 그 자체로 이미 남과 북을 잇는 전달자, 촉매제 역할을 하는 것이다.

보이지 않는 벽

약자에게 관대한 사회는 그리 많지 않다. 탄탄한 복지 국가에서도 약자는 힘겨운 법이다. 특히 서로가 대립하는 체제에서 온 '이방인' 정체성이 있다면 '약자'라는 벽을 넘어 '마음의 벽'이라는 경계를 한 번 더 넘어야 한다. 북향민끼리 이런 이야기를 나눈다. 한국 사회가 이방인을 대하는 온정을 말한다면, 첫 번째로 보통의 외국인을 환대하고, 두 번째가 조선족, 그다음 세 번째 쯤에 북향민이 있을 거라는 이야기다. 그만큼 북향민들이 환대를 받지 못하는 것 같다는 마음을 토로하는 것이다. 그런 마음으로 살아가는 사람들의 한국 생활이 쉬울 리 없다. 물론 북향민들 중에서도 꽤 성공한 사람들이 있다. 한국에서 늦게 시작했지만 악착같이 벌어서 집도 사고 빌딩까지 올린 사람들. 이들은 중산층으로 편입돼 남부럽지 않게 살아간다. 어떻게 보면 먹고 사는 문제는 누구나에게 똑같은지라 북향민 청년들만이 당면한 어려움은 아니다. 이곳에서 나고 자란 사람들도 마찬가지로 어렵다. 누구나 먹고살기 위해 분투한다. 생계를 위해 도전하는 것은 문제가 되지 않는다. 단지 우리가 겪는 정서의 문제가 있다. 마음에서 발생하는 벽은 개개인이 손쓸 도리가 없다. 북향민들에 대한 사회적, 정서적 신뢰가 부족하므로 여기에서 오는 시선이 차별로 다가오는 것이다. 신뢰 부족에서 오는 경계심이나 마음의 벽을 당장 허물지는 못하더라도 어느 정도 낮아졌으면 좋겠다. 이를 위해서라도 북향민들로 대표되는 성공 사례가 많아지는 게 중요하다. 열악한 조건에서도 자수성가한 사람들이 보여주는 사회적 모범과 그 모델은 사람들에게 긍정적인 심리 변화를 이끌어 줄 수도 있기 때문이다. 오해나 편견이 신뢰와 긍정으로 바뀔 수 있고, 이런 변화는 가깝게는 북향민의 삶에 용기와 가능성을, 멀게는 남북통일에 대한 요청과 비전에 좋은 영향을 줄 것이다.

하지만, 그럼에도 불구하고, 북향민들의 한국살이가 낙

관적인 의지만으로는 해명되지 않는다. 혹자들은 "탈북하던 정신으로 살면 뭐든 할 수 있다"고 말한다. 맞다. 죽을 각오로 생사의 경계를 넘은 사람들이니 그런 각오로 열심히 살면 될 것이다. 아니, 상당수의 북향민들이 이미 그런 정신으로 살아가고 있다. 하지만 사회 구조 속에서 개인의 능력은 금방 밑바닥이 드러난다. 개인기에는 한계가 따른다. 각자 가진 능력에도 편차가 있고 환경에 따라 변하는 경우도 많다. 따라서 적응을 돕는 시도나 활동 없이 탈북하던 정신으로 살아가라며 건네는 조언은 그다지 쓸모 없다. 이건 푸념이 아니고 고통 고백도 아니다. 사회 구조 앞에서 개인은 생각보다 무력하다는 것이다. 우리에게 구조는 제도만 있는 게 아니다. 보이지 않는 견고한 벽과 그 벽에서 보이고 들리는 무언의 압박이 우리를 더 힘들게 한다. 그 벽 앞에 서 있는 사람들만이 느끼는 차별과 배제의 체험에서 '같은 동포'나 '한민족'이라는 기대와 연민은 잘 들리지 않는다. 북향민 개개인이 각자도생하여 그 벽을 넘으라 하지만, 끝내 벽를 넘지 못한 사람들은 결국 다른 경계를 넘어버리기도 한다.

다시 경계를 넘는 사람들

2022년 1월 1일 새해 벽두에 뉴스가 들려왔다. 30대 북
향민 청년이 휴전선을 넘어 북한으로 돌아갔다는 소식
이었다. 그는 1년 전 탈북해 한국을 찾은 청년이었다.
그런데 정착한 지 1년 만에 다시 자신이 넘어온 휴전선
을 다시 넘어 북으로 돌아간 것이다. 일부 사람들은 그
의 월북을 두고 간첩이라 손가락질을 했지만 그가 간
첩이 아니라는 사실은 자명했다. 간첩이 그렇게 요란하
게 휴전선을 넘나들 일이 없으니. 그는 그에게 익숙했
던 고향으로 돌아간 것 뿐이었다. 대다수의 한국 사람
들은 왜 지옥 같은 북한으로 다시 돌아가나 싶겠지만,
그에게는 남한이 더 지옥이었을지도 모른다. 나는 그이
의 사정을 듣지 못했지만 그가 직면한 모습이 그려지
는 듯했다.

한국에서의 삶은 일하는 만큼 돈을 벌 수 있다는 것. 그
렇게 일하면 최소한의 생계는 유지할 수 있다. 하지만
'일하는 만큼 돈을 벌 수 있다'는 최소 조건은 남자의
경우 '신체적 조건'일 때가 많다. 건설현장 같은 곳에서
일당으로 일할 수 있어야 최소한의 생계 유지가 가능
한데, 키가 평균보다 훨씬 작거나 몸무게가 평균에 못

미치는 경우 하루 일당을 벌 신체적 조건이 되기 어렵다. 사정이 이렇다 보니 사람들이 예상하는 것보다 빈번하게 아사했다는, 말 그대로 굶어 죽었다는 북향민 소식이 들려온다. 하루 일당을 벌어서 살든 어떻게 살든 신체가 건강하기만 하다면 북향민들에게 한국사회는 여전히 기회의 땅이다. 만약 그렇지 못하다면 한국은 닫힌 땅이다. 게다가 누가 온정으로 공감해 주는 땅도 아니다. 동포애를 믿고 남쪽을 찾는 북향민들은 남쪽에 도착하고 난 후 그런 것은 찾을 수 없다는 걸 깨닫는다. 치열하게 자본주의에 적응할 뿐이다. 그렇게 "같은 동포한테 '탈북자'라고 손가락질 당하며 사느니 다시 돌아가고 싶다"고 고백하는 사람들이 생겨난다. 잘 정착해서 나름대로 경제적 조건을 갖춘 사람들조차 의외로 마음 같아서는 돌아가고 싶다고 종종 고백한다는 사실이다. 이들이 이렇게 말하는 이유는 결코 북쪽이 좋아서가 아니다. 어차피 돌아가면 살 수 없다는 걸 잘 알고 있다. 그런데 어째서 잘 적응한 북향민조차 그런 고백을 하는 것일까? '동포의 땅'을 생각하며 왔음에도 자기 처지가 '동포'가 아니라 '난민'이라는 사실을 깨달았을 때, 그들은 어떤 삶을 다시 생각할까?

제3국으로의 '탈남'

북향민들 중에는 '탈남'하여 월북한 사람도 있지만, 제 3국으로 떠난 이들도 있다. 한국에 정착했다가 다시 미국, 영국, 캐나다 등 제3국으로 망명한 북향민들이다. 이들에 대한 통계는 정확하지가 않다. 탈남했으나 통계에 집계되지 않는 조건들이 많기 때문이다. 제3국에 망명할 때에는 가명을 쓰는 경우가 많은데 이렇게 되면 공식적으로는 북한에서 직접 망명한 난민으로 진술하기 때문에 그들이 '탈남'한 북향민인지 북한 사람인지 분류하기가 어렵다. 2000년대 후반부터 2010년대 초반까지, 한국에서 이런 '탈남러시'가 많았다. 어림잡아 수천 명 정도가 영국, 캐나다, 유럽 등 서방 국가로 탈남했다. 물론 언어가 통하지 않고 문화가 다르기 때문에 적지 않은 사람들이 결국 다시 한국으로 돌아왔다. 탈남 이후 현재까지 유럽이나 서방 국가에서 살아가고 있는 북향민들, 즉 망명자는 대략적으로 800명 가까이 된다. 한국경찰학회보에서 제공한 자료에 따르면 2019년 기준 북향민 제3국 망명은 771명이었다. 아마 통계로 잡히지 않은 사람들까지 포함하면 800명은 훌쩍 넘을 것이다. 그렇다면 이들은 왜 제3국으로 떠났을까. 한국이 살기 힘들어서 떠났을까. 꼭 그런 이유만은 아닐 것이다. 더 나은 꿈을 찾아, 복지를 위해서, 미래를 위해서, 자녀를 위해서, 돈벌이를 위해서 떠났을 것이다. 그러나 이런 이유들 밑에 공통적으로 깔려 있는 정서는 한국 사회에서 '탈북자'라는 정체성으로 살아가면서 느낀 한계였을 것이다. 나는 이런 푸념도 종종 들었다. "같은 동포에게 '탈북자'로 손가락질 당하며 사느니 차라리 유럽에 가서 그저 '아시안'으로 손가락질 당하며 살겠다." 망명을 떠난 북향민들이 한결같이 하는 말이 있다. "돈을 더 지원해 달라는 게 아니다. '탈북자'라고 차별만 하지 말아 달라".

일반적으로 동포 또는 재외동포를 바라볼 때 그 시선에는 어느 정도 차별이 존재한다고 한다. 해당 재외동포가 살고 있는 나라가 그 재외동포에 대한 신뢰와 관련된다고도 한다. 재외동포가 살고 있는 거주 국가가 잘사는 나라면 그들을 향한 시선에 차별적 거부감이 적다는 것인데, 가령 미주 한인 재외동포나 재일동포, 유럽에 사는 한인동포들에 대해서는 대체로 환대하는 분위기가 형성되는 것이다. 반면 재중동포인 조선족, 북향민들 즉 한국보다는 저개발국가인 나라에서 온 동포는 기본적으로 배타적이거나 시혜적인 관점에서 수용된다. 미주 한인들은 고국인 한국에 주로 돈을 쓰러

오지만, 조선족이나 북향민들은 한국에 돈을 벌러, 혹은 난민 자격으로 오니 그 차이가 차별을 만들어내는 것일까? 우리가 의식하지 않는 순간에도 차별은 나타나는데 대놓고 드러나는 차별도 있지만 은연 중에 나타나는 차별도 있다. 차별이지만 차별로 인식되지 않는 경우다. 서있는 위치가 다르기 때문일 것이다. 북향민 1세대가 완전히 지나가면, 혹은 2세대까지 지나가면 차별이 끝나는 것일까? 1세대 또는 1.5세대로 분류되는 북향민으로서 나는 1970, 80년대 미국으로 이민 갔던 한인들의 삶을 생각해 본다.

1970, 80년대에 미국으로 이민 갔던 한인들은 세탁소나 청소일 등 궂은 일들을 하며 지금의 한인사회를 일궈냈다고 배웠다. 1세대들은 다음 세대를 위한 터를 닦는 것으로 충분히 소명을 다했을 것이다. 내가 속한 세대의 소명도 이와 같지 않을까? 북향민들이 한국사회에서, 제도권 사회에서 더 이상의 배제와 다름에 부딪힘 없이 자연스럽게 통합되어 살 수 있는 그런 날을 만드는 것. 적어도 북에서 남으로 이민 온 북향민으로서 경험하고 겪었던 일들을 나의 대에서는 끊어내는 것 말이다. 지금 이 시간에도 여전히 10대 아이들이 두만강과 압록강을 건너고 동남아의 외딴 정글을 헤매며

'동포의 나라' 한국 땅을 밟으려 목숨을 건다. 한국사회가 살아가기 만만치 않지만 그래도 지금의 우리 삶이 그들보다 힘들 수는 없다. 그래서 한국사회에 정착한 북향민들은 모두 잘 살아내야 한다. 제3국이 아닌, 꿈을 찾아 마침내 당도한 이곳에서.

어우러진다는 것

그렇다면 대한민국에서 태어나고 자란 사람들이 북에서 온 사람들과 어우러진다는 것은 어떤 것일까? 뭘 어떻게 하라는 걸까? 특별히 무엇을 하지 않아도 된다. 할 필요도 없다. 한 가지만 바꾸면 좋은 것이다. 바로 북한에 대한 관점이다. 북한은 하나의 마을이 아니라 하나의 국가다. 수많은 퍼즐 조각들이 모여 하나의 그림이 완성되듯, 북한도 여러 조각들이 모여 완성되는 넓은 그림인 것이다. 그런데 사람들은 종종 북한을 하나의 전체 그림으로 바라보지 않고, 그림의 일부인 조각을 그림 전체로 오해해서 바라본다. 아오지에서 온 청년은 '아오지'라는 퍼즐 한 조각이며, 평양에서 온 청년은 '평양'이라는 퍼즐 한 조각임에도, 그 한 조각의 퍼즐에서 비쳐진 모습을 북한 전체의 이야기로 오해하는 것이다. 아오지 청년과 평양 청년은 삶과 경험도 판이하게 달라서 공통점을 공유하면서도 다른 점이 많다. 그래서 북한을 바라볼 때는 퍼즐판 전체를 보는 마음으로 바라볼 필요가 있다. 미사일과 핵만 쏘는 북한이 아니라, 굶어죽는다는 소식만 가득한 북한이 아니라, 진짜로 북쪽 사람들이 어떻게 살아가는지를 알아가는 것, 그것이 있을 때 북향민들과 어우러질 수 있다. 이에 대해서는 다음 장에서 다시 이야기하기로 하자.

그런데 북한을 탈출하면 모두가 같은 탈북자일까? 아니다. 극단적으로 아오지 출신 청년 조경일과 외교관 출신 태영호는 출신배경과 살아온 경험이 전혀 다르다. 평양 상류층 엘리트와 음식을 훔쳐 먹던 아이의 경험이 같을 수 없다. 같은 맥락으로 3만5천여 명의 북향민들이 모두 다르다. 이들을 '그저 탈북자'라는 단일한 이미지로 바라본다면 우리는 북한이라는 다이내믹한 세상을 제대로 바라 볼 수가 없다. 북한을 계속 미지의 세계에 방치한 채 무지의 영역에 두는 것이다. 나는 한국 사회가 정말 북한에 대해 잘 모른다고 생각한다. 현재로서는 핵실험을 하고 군부에서 누가 해임되고 추방됐는지 정도만 알 뿐 일반 북한 인민들의 일상이 얼마나 치열하고 경쟁적인지는 잘 알지 못한다. 그러니 북한에 대한 오해와 편견이 난무하고 이는 두려움과 경계심을 부른다.

뉴스에서 북향민 사망소식이 들려온다. 특별한 죽음이 아닌데도 무연고 북향민의 죽음이라 그런지 언론에 소개된다. 가족 하나 없이 홀로 살아가다 1년이 지난 후에야 발견되었다. 시간이 너무 지나 사인을 밝히기 어려워 사인은 원인불명으로 처리되었고, 장례를 치러줄 사람이 없어서 시에서는 무연고 사망자로 처리해 망자를 보낸다. 뉴스를 보며 같은 북향민으로서 조용히 애도를 표한다.

여전히, 기회의 땅

통일부 산하 남북하나재단에서 매년 발행하는 북향민 사회통합지표를 보면 2022년 북향민들의 경제활동은 일반 남한 국민들처럼 활발하다. 경제활동 참가율을 보면 63%로 일반국민들과 비슷하다. 고용률은 59%로 일반 국민 63%보다 살짝 낮다. 반면 실업률은 6.1%로 일반 국민 실업률 3%보다 두 배나 더 높다. 2020년 실업률은 세 배나 높았다. 주당 근로시간을 보면 36시간 이상 일한다고 답한 비율이 83%로 일반 국민 78%에 비하면 더 많은 시간 일하는 걸로 나타났다. 평균 임금은 238만 원으로 일반 국민 평균임금보다 50만 원이나 적다. 평균 근속기간은 35.3개월로 일반 국민 평균인 72개월의 절반이 채 안된다. 북향민들은 경제활동에 활발히 참여하지만 짧은 근속 기간과 적은 월급을 받고 있는데 이는 이유가 있다. 월급이 적은 거야 비정규직의 단순노동이 많아 그런 것이고, 근속 기간이 짧은 이유는 개인 사정을 제외하면 회사에서 버티지 못하기 때문이다. 일이 힘들어서라기보다는 동료들과의 관계나 이질적인 문화와 거리감에서 오는 정서적 괴리가 크게 작용하는 것으로 보인다. 그럼에도 북향민들의 사회경제적 성취 만족도는 54%로 일반 남한 국민 19%에 비하면 25% 포인트나 더 높다. 개인의 사회경제적 지위 개선 가능성에 대한 기대도 훨씬 높다. 북향민들이 남한에서 자신의 사회경제적 지위 개선 가능성이 높다고 답한 비율이 70%로, 25%인 일반 남한 국민들에 비하면 3배나 높다. 자식세대에 대한 기대도 그렇다. 북향민들은 자기 자식세대의 사회경제적 지위 개선 가능성에 67% 높다고 답했는데 이는 29%인 일반 남한 국민들에 비하면 기대치가 두 배가 훨씬 넘는다.

이는 무엇을 말하는가. 아무리 대한민국이 '헬 조선'이니 해도 북향민들에게 한국 사회는 여전히 기회의 땅이자 희망의 땅이다. 더러는 반겨주지 않더라도, 차별과 배제를 느끼더라도 북향민들은 한국에서 새로운 삶을 개척하고 기회를 만들어 가고 있다. 자식세대에서만큼은 정체성으로 호명되거나 배제되지 않도록 철저히 '한국화'되기에 매진한다. 철저히 한국 사람처럼 보여 별일 없이 살아갈 수 있기를 바란다.

한국의 실향민들은 70여 년이 지났음에도 여전히 고향이 그립고 슬프다고 한다. 북향민은 제2의 실향민이다. 실향민과 다른 점은 원래 조국에서는 배신자로, 새로운 조국에서는 이방인으로 살아간다는 것이다. 이 조국과

저 조국은 서로 적대적이며 왕래가 불가능하니 두 개의 조국 사이에 놓인 경계에 북향민들의 존재와 삶이 있다. 경계에서 살아가는 이들의 마음속에는 또 다른 조국이 있다. 분단이 없는 나라, 정체성으로 호명되지 않고 남쪽과 북쪽의 경계가 허물어진 비전의 나라 말이다. 우리는 그곳을 향해 묵묵히 갈 뿐이다.

북한, 제대로 들여다보기

오해가 만든 신화

많은 사람이 '아오지'를 북한에서 죄 지은 자들이 격리
되는 곳으로 알고 있다. 심지어 무슨 잘못을 하면 '아오
지 탄광으로 보내버린다'는 농담도 한다. 월드컵 때마
다 심심치 않게 도는 소문은 북한 축구팀이 한국팀과
의 경기에 지면 선수들이 아오지 탄광에 간다는 이야
기다. 이런 류의 '카더라'식 이야기가 지금까지 계속 재
생산되는 통에 사람들도 내게 종종 물어본다. 실제로
그런 일이 있냐고, 아오지가 정말 그런 곳이냐고. 아니
다. 아오지는 한국의 반공주의가 만들어낸 왜곡된 신화
다. 물론 과거에 국군포로들을 그곳에 보낸 역사가 있

고 또 과오가 있는 사람을 추방하기도 했었다. 아오지는 수도 평양과 가장 먼 변두리 지역 중 하나였기 때문이었다. 그러나 한국에서 알려진 것처럼 아오지에 수용소가 있는 것도 아니고, 잘못하면 수시로 아오지에 추방되는 것도 아니다. 아오지에 실제 정치범 수용소가 없는데도 불구하고 북한에 대한 왜곡된 정보로 소비된다. 아오지는 북한 관련해서 가장 많이 대중들에게 공유된 장소이자 자주 희화되는, 억울하게 조리돌림 당하는 동네라고 할 수 있다.

아오지에 대한 왜곡된 신화는 바로 우리가 북한에 대해 정말 잘 모르고 있다는 대표적인 사례다. 북한은 아직까지 미지의 세계다. 아오지처럼 말이다. 미지의 세계는 잘 알려지지 않아 많은 신화와 구전을 만들어 내는데, 보물이 많다거나 식인괴물이 산다거나 하는 등 그 이야기는 조금씩 추가되고 재생산된다. 북한은 세계에 은둔의 왕국으로 남아있으니 생활 환경조차 외부에 제대로 알려지지 못했다. 아프리카 정글 어느 부족의 식량 조달 방법도 다큐멘터리를 통해 알려지는 이 시대에 북한만큼은 여전히 베일에 싸여 있는 것이다. 그래서 북한은 은밀한 신화 속의 세계처럼 소비된다.

19년을 이남에서 살아온 나의 경험을 비추어 보면 한국사회에 북한은 여전히 미지의 세계이다. 새벽에 동해상에 미사일 몇 발을 쏘았는지에 대한 정보는 뉴스 속보로 알 수 있지만, 실제 북한 주민들이 무엇으로 끼니를 해결하는지, 일상의 대화주제는 무엇인지에 대한 정보는 특별한 노력을 들이지 않으면 알 수가 없다. 그래서인지 가끔씩 북한에 대한 질문을 받을 때 당황스러울 때가 생긴다. 너무나 당연한 내용이라 답변하기가 민망한 것이다. 그곳에도 우리와 같은 사람이 산다.

그래도 과거와 비교한다면, 북한에 대한 생활 정보와 실태가 알려지고는 있다. 북향민들이 TV에 나와 북한 체제와 그 사회의 속살을 그대로 증언해 준 덕분이다. 어느 정도는 긍정적이지만, 그 반대로 걱정스러운 점도 있다. 그들이 말하는 내용은 경제 실태와 통치 체제의 속성에 대한 내용이 주를 이루기 때문이고, 북향민이 듣기에도 다소 이질적이거나 예외적인 부분들에 흥미 위주로 초점이 맞춰져 있기 때문이다. 하루가 멀다 하고 굶어죽는다거나 수용소에 보내진다는 이야기가 나오면, 시청자들에게 더 강렬하고 자극적인 내용으로 먹힐지도 모르겠다. 과거와 현재가 섞이고 거짓과 진실이 섞이며 희극과 비극이 섞이면서 유별나게 대한민국과 비교되는 이야기만 선별되어 공유되는 게 아닐까? 북한 사회도 인간 사회이며, 체제 자체는 더디게 변할지라도, 인민들의 삶은 변하게 마련이다. 하지만 내가 보기로, 대중 매체가 쇼라는 형식으로 전하는 콘텐츠에서 북한은 정지한 곳으로 비쳐진다. 10년 전 북한과 어제의 북한은 다를 게 없어 보인다. 북한이 과거에 멈춰 있는 곳인가? 마치 장님 코끼리 다리 만지듯 우리가 북한을 보고 싶은 대로만 바라보는 것은 아닌지 걱정스럽다.

어두운 터널을 지난 북한

과거 많은 사람이 김일성이나 김정일이 죽으면 북한이 당장 열리거나 통일이 될 거라고 기대했다. 하지만 그런 일은 일어나지 않았다. 2020년 4월 김정은이 매체에 20일 동안 등장하지 않는 상황이 벌어졌다. 그가 사망했을 거라는 주장이 정치권에서 퍼지더니 온 나라가 갑론을박하기 시작했다. 급변사태라는 것이다. 하지만 김정은은 사망하지 않았다. 설사 사망했다 하더라도 그

일을 계기로 남북이 자유롭게 교류하고, 급박하게 통일로 연결될 가능성은 현저히 낮다. 급변사태 발생이 곧 통일로 연결된다는 주장은 대개 북한체제의 성격에 대해서 잘 모를 때에나 나오는 이야기다. 북한은 한국 사람들이 외면하고 또 무시하는 동안 정말 많이 변했다. 겉으로 보이는 북한, 그러니까 '김씨 왕조' 체제는 변함이 없다. 이는 90년대 후반부터 시작된 '고난의 행군' 시기를 지나면서도 변함이 없었다. 그러나 그사이 북한 사회의 경제논리는 사회주의 배급체제가 아닌 시장논리가 됐으며, 이에 따라 북한 인민들의 삶의 방식도 바뀌었다. 2000년대를 지나며 어두운 터널에서 살아남은 북한 인민들이 생존법을 터득한 것이다. 바로 장마당의 활성화, 즉 시장의 저변 확대이다. 오늘날 북한의 시장은 한국 사회의 예상보다 활발하며 북한 정권도 시장을 공식적으로 인정했다. 2018년 북한 정부가 공식 인정한 장마당은 436개였고 5년이 지난 지금에는 600개 가까이 있을 것으로 추정된다. 또한 이러한 단순히 통계만으로 북한의 시장을 분석하기에는 역부족이다. 북한에서는 '공식'보다 '비공식'이 더 통할 수 있기 때문이다. 시장의 규모가 통계보다 훨씬 더 클 수 있다는 뜻이다. 지금은 거의 모든 의식주가 시장 논리로 거래되고 있으며 북한의 경제는 더 이상 사회주의적이지 않다. 정치에서 아무리 주체 사상과 김정은주의를 주장해도 주류를 이루는 주민들의 삶은 이미 시장의 맛을 본 것이다. 현재에도 여전히 굶주리는 북한 인민들이 많다. 하지만 분명한 것은 그들을 둘러싼 환경이 이전과 다르다는 것이다.

북한인민들이 살아가는 방식이 바뀌어 배급보다는 시장에 의존한다는 이야기다. 하지만 여전히 부족한 것 투성이다. 식량생산량은 턱없이 부족하고 전반적인 생활필수품도 부족하다. 인구의 3분의 1이상이 여전히 만성 영양실조에 시달리고 있다고 봐도 무방하다. 만성 영양실조는 배불리 먹기만 해도 나을 수 있는 병으로, 비타민만 제대로 섭취해도 죽지 않는 병인데 그런 영양을 취하지 못해 죽어나가는 사람들이 있다. 다행히 북한 사회 내부에서도 비약적인 변화가 일어나고 있다는 소식이 들린다. 북한에서 신흥 자본가인 돈주들이 등장했고, 그들의 민간자본으로 아파트가 건설되어 분양권이 팔린다. 당구장 등의 개인사업장을 차려서 돈을 벌고 법인이름으로 차를 사기도 한다. 사회주의의 계획경제와는 거리가 먼 방식이다.

북한의 시장은 우리가 이해하는 시장주의와는 조금 다

르다. 인민들 나름의 방식으로 시장이 돌아간다. 북한식 시장인 셈이다. 물론 강압적 독재체제 하에 존재하는 시장이라 필요에 따라 통제되기도 한다. 코로나 위기가 북한을 휩쓸기 전인 2019년까지 북한 내 시장에서 유통되던 생필품에는 한국산 제품들이 상당수 포함돼 있었다. 하지만 코로나 위기로 국경을 봉쇄하며 생필품과 식량 반입이 중지되었다. 이때 장사에 의존했던 인민들이 큰 어려움에 직면했다. 경제활동 제한 조치로 많은 돈주들도 몰락했다. 또한 최근 김정은 정권이 외화 사용과 물자 유통을 국가 통제권 하에서만 하라고 명령하는 포고를 내놓았다고 한다. 반(反)시장 정책이다. 이렇듯 북한정부의 통제와 제한적 허용 하에서 시장이 돌아가긴 하지만 이를 더 이상 사회주의 계획경제의 틀 안에서 바라볼 수 없다. 북한 경제와 밑바닥 시장이 이미 자본의 맛을 보았기 때문이다.

변화된 북한 사회

지금 북한의 기축통화는 무엇일까? 중국화폐인 인민폐다. 북한정부 당국이 공식적으로 지정한 것은 아니지만, 시장이 인민폐를 기본 거래화폐로 쓰고 있다. 물론 달러는 최고의 저축 수단이다. 현지 화폐인 조선돈은 저축으로서의 가치를 상실했다. 북한인민들은 지난 2009년 화폐개혁을 통해 깨달았다. '조선돈'은 저축의 가치가 없다는 사실을.

북한경제와 시장은 남북관계, 북미관계 등 정치적 상황이나 대외관계에 따라 달라진다. 현재 시장에서 거래되는 상품의 80~90%는 중국산이다. 코로나 이전까지는 한국산 제품도 거래되었고 모두가 선호하는 제품이었다. 남북관계가 좋았을 때에는 한국산 제품 유통이 활발했다. 하지만 코로나 팬데믹 이후 최근 남북관계가 대결 국면으로 가면서 정부 당국의 시장통제도 강화됐다고 한다. 과거 미국과 대한민국이 북한을 바꿔 보겠다고, 또 길들이겠다고 시간을 끌었지만, 그사이 중국 제품이 북한 시장을 잠식해 버렸다. 북한 사회는 중국 제품으로 사실상 침식된 것이다. 북한의 입장에서는 사이가 좋든 안 좋든 간에 어려울 때 손 내밀어 준 곳이 중국이었다. 최근에는 러시아 우크라이나 전쟁 국면에서 김정은이 푸틴과 정상회담을 했고, 그 후 북러관계가 강화됐다. 북한은 러시아에 무기를 건넸고 밀가루를 비롯한 식량을 들여왔다. 김정은은 밀가루와 쌀을 주식으로 하라며 빵 섭취를 권장하고 있다.

중국산 대신 한국산 제품들로 북한 시장을 가득 채우는 상상을 해본다. 만약 한국 제품이 북한의 시장을 가득 채운다면, 북한 정권은 바뀌지 않겠으나 북한 인민들의 생각은 우리의 기대처럼 바뀌었을 가능성이 크기 때문이다. 최근에는 북한에서 내수 공업 제품 생산에 공들이고 있다고 하고, 이전보다는 상당 부분 회복 중이라고 한다.

손전화기(휴대전화)는 어떨까? 현재 북한 내 손전화기 가입자는 700만 명이 넘은 것으로 추정된다. 현재 북한 인구를 2,500만 명으로 추산할 때 통계적으로 세 명 중 한 명이 핸드폰을 쓰고 있다는 얘기다. 뿐만 아니라 핸드폰 매장에서 다양한 게임 어플을 내려받아 즐기고 인앱결제(어플 내 결제) 시스템도 갖췄다. 평양과 청진 등 대도시 중심으로 모바일 쇼핑과 배달도 조금씩 일상화되고 있다. 북한의 핸드폰 사용자 증가는 기존 메

뚜기 장사(북한 당국의 단속을 피해 이리저리 옮겨다 니는 노점)나 동네 재래시장 수준이던 장마당의 유통 망을 타 지역까지 확장시켰고 가격경쟁을 유도하는 데 큰 역할을 하고 있다. 또한 선불충전식 결제카드는 오 래전부터 보급이 됐는데, 2017년 스마트폰이 출시되고 난 이듬해부터는 모바일 결제전용 어플이 등장하기 시 작했다. 현재 북한은 모바일 전자상점이 상당히 활성화 된 수준으로 배달주문도 자연스레 이뤄지고 있다.

나는 장마당 1세대다. 2000년대 초반의 장마당을 겪은 셈인데 그때에는 '달리기' 또는 '데거리 장사'라고 불리 는 초기 시장이 형성되고 있었다. 2002년 〈7.1 경제관 리개선 조치〉 이후 장마당이 본격적으로 허용됐고 활 성화되기 시작했다. 초기에는 유통망이 존재하지 않았 다. 타 지역으로 장사를 떠났다가 돌아오는 사람들을 통해 듣는 정보로 물건의 가격을 매기는 식이었다. 하 지만 지금은 휴대전화가 일상이 되어 시장 유통망이 형성됐고, 생활의 상당 부분이 시장에서 시작된다. 이 로 인한 북한의 변화는 일일이 열거할 수 없을 수준이 다. 핵과 미사일에 쏟아지는 시선을 조금만 아래로 향 한다면, 빠르게 변화 중인 북한의 경제와 시스템이 보 일 것이다. 우리가 못 본 북한의 모습이 있다는 것을 알 수 있을 것이다.

열린 세계는 닫힌 세계를 이긴다

북향민들의 90%는 경제적으로 하층 계급 출신이다. 북한에서 경제적으로 어렵지 않았다면 애초에 탈북을 결심하지 않았을지도 모른다. 상황이 이러하니 우리는 북한에서 중산층 정도의 삶을 살아가는 인민들의 이야기를 들을 수 없고, 같은 이유로 상류층 집단들의 평균적인 삶은 알 수가 없다. 이들의 삶은 소수의 고위급 출신 북향민을 통해서만 조금 들을 뿐이다.

그렇다면 북한을 더 알 수 있는 방법은 무엇일까? 현재로선 북한학 연구자가 되거나, 아니면 최근에 탈북한 북향민들의 이야기를 좀 더 귀기울여 듣는 수밖에 없다. 북한에서 발간된 책을 읽거나 소장하는 것, 혹은 직접 웹사이트를 찾는 일들이 전부 불법이기 때문이다. 현행법상 대한민국 국민들이 북한의 신문과 방송을 보는 것은 불법이며, 더 정확하게는 기존 언론에 공개된 북한 방송자료들 외에 직접 노력해서 찾아보는 행위는 불법이다. 실제로 북한의 대표적인 대외홍보용 웹사이트인 〈우리민족끼리〉를 비롯한 북한 웹사이트는 접속이 불가하며 국가보안법상 불법 유해 사이트로 분류돼 있다. 반면 한국을 제외한 외국에서는 북한 웹사이트에 자유롭게 접속이 가능해서 종종 북한연구자들이나 북한이슈에 관심 있는 사람들은 국내에서 아이피를 우회하는 프로그램(vpn)을 통해 접속하기도 한다. 북한을 연구하는 학자들이나 연구자들이라도 북한 내부 발행 자료를 공식적으로 볼 수 있는 방법은 한 가지뿐인데, 통일부의 허락을 받아 국회도서관이나 중앙도서관을 등을 통해 로동신문과 일부 북한방송들을 '연구용 목적'으로 보는 것이다. 이것도 제한적으로만 볼 수 있을 뿐이고 파일복사 및 인쇄는 불가하다. 결국 소수만이 제한적 정보에 접근 가능하며 다수는 북한에 대해 알 길이 없는 것이다.

이러한 규제는 북한에 대해 궁금증을 갖지 말라는 말과 다름 없다. 북한이 스스로 고립을 자처했다고 하나 우리 또한 통로를 꽉 닫은 셈이다. 오래전부터 우리 국민이 북한을 직접 알고자 하는 것은 일종의 금지된 성역을 건드리는 일이었다. 국가보안법이라는 수문장이 떡하니 지키고 있으니 사람들이 북한에 대해 더 실제적인 지식을 수집할 엄두를 내지 못한다. 이런 상황에서 일부 종편 방송을 통해 악마화된 북한의 이미지가 나오니, 우리는 그저 북한이 마치 사람이 살 수 없는 '감옥'이나 '지옥'으로 여겨지는 것이다. 북한이 살기 힘든 나라인 건 분명하다. 그러나 북한에도 버젓이 사람들이 살고, 그들은 어려운 환경에서도 즐거움을 찾으며 살아가고 있다. 동전의 양면이 아닌 한 면만을 보면 북한의 인민들이 일체의 자유 없이 감옥에 갇혀 사는 것처럼 보일 뿐이다.

다행스럽게도 북한 사회를 있는 그대로 바라보자는 주장들이 근래 많이 나왔다. 윤석열 정부 집권 후 통일부의 2022년 추진과제 중에는 〈북한 방송통신 선제적 개방〉안이 포함되어 있다. 여당 국민의힘 태영호 의원도 '북한 방송통신 선제적 개방'을 이념과 체제 경쟁의 종료를 알릴 수 있는 계기가 될 것이라며 적극 개방을 주장했다. 이런 태영호 의원의 주장은 꽤 의미가 있다. 그는 "북한 방송통신 선제적 개방은 이념 전쟁·체제 경쟁이 끝났다는 것을 보여주는 확실한 계기가 될 것"이라고 말했는데, 나 또한 이 주장에 공감한다. 북한은 실패한 체제다. 그들이 마주한 미래는 거대한 세계화 속에 결국 무릎 꿇는 일밖에 없다. 단지 시간이 조금 더 걸릴 뿐이다.

태영호 의원이 북한 방송 개방을 주장하자 보수 진영 일부에서는 '빨갱이', '이중간첩'이라는 비난의 목소리가 터져 나왔다. 태영호 의원은 2016년 대한민국 입국 후 꾸준히 북한 정권의 실상을 폭로해 왔으며 보수 진영에서 인기 스타가 되어 현재 국민의힘 국회의원이다. 그럼에도 그에게 열광하던 보수 지지자들마저 태영호 의원에게 '빨갱이' 취급을 하기 시작한 것이다. 사실 태영호 의원도 이를 어느 정도 예견했다. 그는 북한 방송통신 선제적 개방 토론회를 열 계획이라면서 올린 페이스북 게시글에 자신의 우려를 적었다. 토론회에 북한 방송 개방을 지지하는 발언을 할 전문가들이 없어 걱정이라는 내용이었다. 워낙 조심스러운 주제이니 발언을 꺼린다는 것이다.

북한의 방송통신 개방을 반대하는 사람들은 북한이 체제 선전 방송으로 우리 국민들을 세뇌시킬 것이라 주장한다. 물론 그럴 수도 있다. 하지만 대한민국 국민들이 그 정도에 넘어갈 만큼 어리석지는 않다고 생각한다. 만약 북한 방송을 개방해서 북한이 자신들의 체제 선전물 영상을 만들어 내보낸다고 치자. 과연 누가 그걸 보면서 북한을 동경하고 찬양할까. 그토록 촌스럽고 재미없는 북한 방송에 국민들이 과연 흔들릴까? 아마 보지도 않을 것이다. 각종 OTT 서비스에서 재미있는 콘텐츠가 쏟아져 나오는 시대에 누가 북한 방송에 시간을 할애하면서 보겠나. 나조차 촌스럽다 비웃는데. 한국 사람들의 지성 수준은 높다. 개방된 북한 방송을 자유롭게 보며 토론해도 될 만큼 말이다.

북한 방송을 개방하면 오히려 북한의 고민이 커질 수도 있다. "콘텐츠를 어떻게 만들어야 남한 국민들의 관심을 얻을까?" 북한 정부나 방송 제작 관계자들은 이 고민에 빠질지도 모른다. 북한의 낙후한 방송 제작 기술과 콘텐츠로는 남한 국민들의 관심을 얻을 수 없다는 건 뻔하고, 김정은의 입장에서는 어떻게든 방송제작 수준을 끌어올려 성과를 내라고 할 것이기 때문이다. 오히려 북한의 방송 제작 기술과 콘텐츠 수준이 한국 국민들의 눈높이에 맞게 상향될 가능성이 커진다. 이것은 의미있는 일이다. 북한이 지금처럼 자기들만 보고 자기들만 즐기는 우물 안의 콘텐츠가 아니라 세계의 사람들도 한번쯤은 관심을 가질 수 있는 정도의 콘텐츠를 만들 동기가 생긴다는 것이다. 북한 내 방송 제작 기술과 콘텐츠 시장이 활성화되면 글로벌한 기준에 맞는 콘텐츠를 만들기 위해 노력할 것이고, 그러다 보면 시장 경쟁력을 생각하지 않을 수 없고, 그러다가 어느새 그들도 조금이나마 시장을 개방할 가능성이 커질 것이기 때문이다.

공포 중에 가장 큰 공포는 무지에서 오는 공포다. 지피지기면 백전불태(知彼知己 白戰不殆)라고 하지 않았나. 사람들이 북한에 공포심을 갖는 이유는 그들이 핵무기를 가졌고, 미사일을 쏘아대서만은 아닐 것이다. 주체 사상 이데올로기가 강력해서도 아닐 것이다. 북한이라는 사회가 어떻게 돌아가는지 정확히 알지 못하기 때문에 거기에서 공포가 시작되는 것이다. 상대방이 어떤 무기를 가졌는지 알면 우리는 거기에 대응할 수 있다. 하지만 상대방의 속사정을 전혀 모르니 사실 특별한 게 없음에도 공포만 커지는 것이다. 북한과의 체제 대결과 이념 전쟁이 아직 끝나지 않았다고, 북한이 남한을 공산화 할 수 있을까? 태영호 의원의 지적처럼 우리는 이미 체제 대결과 이념 전쟁에서 확실히 승리한 상황이다.

3부

대한민국에서 산다는 것

대한민국에서 산다는 것

스펙보다 스토리?

북향민 창업 지원에 대하여

빛과 그림자

대한민국에서 산다는 것

청년, 달관하는 세대

'경제적 자유'라는 개념이 있다. 요즘 널리 공유되고 있는 개념으로, 경제 생활에서 각자 개인이 스스로의 의지로 행동할 수 있을 만큼의 경제력, 즉 돈이나 재정이 여유 있는 상태를 말한다. 그래서 흔히들 경제적 자유를 확보하기 위해 투잡, 쓰리잡에 부업까지 저마다 여건에 맞게 투자한다. 한 방의 기회를 엿보며 영혼까지 끌어 모은다는 '영끌'로 주식에 투자하는 청년 '개미'들도 많고, 한때 가상화폐인 코인 시장이 급부상했을 때엔 많은 청년들이 소위 '한 방'을 노리고 뛰어들었다. 초기에 투자금의 몇 배에서 몇십 배까지 벌고 빠진 '얼리어답터' 청년들도 있었지만 머리 꼭대기에서 투자했다가 낭패를 본 사람들이 더 많았다. 왜 다들 이렇게 한 방을 노리는가? 여러 가지 이유가 있겠지만 전반적으로 한국의 경제상황이 좋지 못한 데다 지출은 늘어나는데 월급은 늘지 않기 때문이다. 저성장에 고물가 현상. 물가인상률과 비례하지 않은 월급인상률은 청년들로 하여금 투잡, 쓰리잡에 뛰어들게 했고, 주식과 코인으로 눈을 돌리게 만들었다. 거기에 과거와 달리 평생 직장 개념이 사라지면서 청년세대들에게는 적성과 재미가 주요 키워드로 부상했다. 어차피 평생 한 직장에서 일할 수도 없고, 일한다 해도 집 한 채 살 수 없다면 차라리 취향과 적성대로 일을 찾겠다는 것이다. 그래서 청년들에게는 딩크족, 파이어족, 욜로족, 오렌지족 등 시대 흐름과 소비 행태를 반영하는 별명들이 붙었다.

딩크족은 Double Income No Kids의 줄임말로 '맞벌이 무자녀 가정'을 뜻한다. 실제로 요즘 낮은 출생률로 많은 국가들이 고민한다. 그중 대한민국의 출생률은 2023년 기준 0.78%에 불과해 OECD국가들 중 1위로 낮다. 수십 조 예산을 투자했지만 좀처럼 꼴찌를 벗어나지 못하고 있다. 기기에 욜로족도 있다. You Only Live Once로 표현되는 욜로족은 한 번뿐인 인생, 자기 자신에게 더 투자하라고 말한다. 과거 부모 세대는 자신들의 꿈과 욕망을 자식을 잘 키우는 것에 투영해 왔는데 정작 자식 세대는 딩크족과 욜로족이 된 것이다. 부모 세대는 이해가 되지 않는다며 세대 차이를 느낀다. 그런데 정작 중요한 건 과연 딩크족과 욜로족이 진정 청년 스스로를 위한 선택이었나 하는 점이다. 청년들을 지칭할 때 쓰는 단어 '달관 세대'가 딩크족과 욜로족의 이면을 꼬집는다.

달관 세대는 높은 청년 실업률로 인해 취업 경쟁에 밀려 욕심 없이 주어진 현실에 만족하며 살아가는 세대를 의미한다. 죽도록 열심히 해봤자 월급쟁이를 벗어나지 못한다는 인식이 깔려 있다. 청년들이 무기력해진 것이다. 부모들의 인생을 희생시키면서까지 좋은 교육을 받았는데 그 결과는 그저 경쟁 시장에 내몰린 것 그 이상 그 이하도 아닐 때, 치열하게 경쟁해 봤자 실패와 좌절로 영혼까지 스크래치 당하는 현실에 차라리 달관해 버리는 것이다. 더 많이 벌기 위해 경쟁하는 대신 덜 벌고 덜 쓰며 자신만의 시간을 갖는다. 이 과정에서 소소하고 확실한 행복, '소확행'이 유행하기도 했다.

거기에 2000년대 이후 등장한 '먹고사니즘'이라는 용어는 청년세대를 설명하는 데 매우 중요한 개념이 되었다. 생계 유지에 급급해 먹고사는 것 이외의 것들에 관심을 가지는 것 자체가 어려운 상황을 설명하는 개념이다. 청년 세대에는 그 나이대에만 할 수 있는 도전들이 있다. 하지만 요즘 현실에서는 썩 맞지 않다. 리스크가 크기 때문이며, 한 번 실패하면 회복하기 어렵기 때문이다. 정년이 보장되지 않는 사회에서 청년들은 과거 세대가 견딘 온갖 갑질을 견뎌낼 의지가 없다. 그렇게 살면 뭐가 남느냐는 것이다. 수십 번의 시도 끝에 원하던 대기업에 입사해도 불과 몇 년 안에 퇴사하는 청년들도 상당수다. 일을 하면 할수록 기업은 성장하겠지만, 그 안에서 개인의 성장은 기대하기 어렵다는 것이다. 의미 없는 노동력을 제공할 바엔 다른 길을 찾겠다는 것인데, 문제는 그런 방식으로 성공한 사람은 소수에 불과하고, 대다수 실패를 겪는다는 것이다. 사회 속의 개인이 애쓰면서 살아가는 사이 사회문제에 대한 관심은 점점 떨어진다. 통일? 상황이 이러하니 사회문제 그 자체에 관심을 잃고 있는 사람들에게 통일에 대한 관심을 기대하기는 어렵지 않을까?

사치가 된 소명

보통 사회가 청년들에게 기대하는 청년의 패기라던가 사회 의식, 혹은 소명이라는 담론은 이제 낯설다. 그런 얘기는 대한민국 사회에서 너무 무겁게 들린다. 큰 대출을 안고 사회 생활을 시작하는 대한민국 청년들의 숙명은 사회문제를 자기 일이 아닌 남의 일처럼 인식케 한다. 사회문제는 자조 섞인 조롱거리가 된다. 진지하고 복잡한 셈법이 들어가야 할 정치는 갈라치기 싸움으로 단순화된다. 세대가 서로를 탓하고, 남녀가 서로를 적대한다. 선거 시즌이 다가오면 정치 어젠다로 청년 문제가 호명된다. 청년을 위한 정책이 무수히 쏟아진다. 이런 일이 반복됐음에도 어째서 청년들의 삶은 나아지질 않을까? 청년들이 정치 문제에 등을 돌리는 것은 어쩌면 당연한 결과일지도 모르겠다. 정치인들은 청년 세대를 위한 희망을 외치지만, 정작 청년 세대는 그런 희망에 관심이 없다. 그저 당장의 '경제적 안정'에만 몰두하게 되었다.

한국에 정착한 북향민 청년들이라고 해서 남다르지 않다. 마찬가지로 이 시급한 경쟁에서 살아남아야 한다. 수십 번이든 취업에 도전하고 그 도전이 좌절되면 창업에 뛰어든다. 익숙하게 실패를 겪는다. 탈북했다는 과거를 지녔기에 사회적 소명과 진로 방향에 대해서는 좀 더 다채로운 고민을 할 수도 있겠지만, 그들도 다른 사람들과 마찬가지로 무슨 사회적 소명까지 생각할 겨를이 없다.

스펙보다 스토리?

취업도, 창업도, 결국 스토리

요즘 청년들은 그 어느 세대보다도 똑똑하다고 한다. 높은 학력에 갖가지 자격증과 기술들도 갖췄다. 하지만 이제 학력이나 자격증으로 대표되는 스펙은 기본이라 취업의 길은 여전히 어렵다. 누구나 갖고 있는 스펙이라며 특별한 무언가를 더 필요로 한다. 여기에 4차 산업과 AI 인공지능 시대가 시작되었다. AI로 단 몇 초 만에 실제와 구분이 안되는 사진과 영상은 물론, 글과 문장들까지 찍어내게 된 것이다. 이는 시간과 돈을 투자하며 수집했던 몇몇 기술들이 이제 쓸모가 없어졌다는 뜻이 된다. 어쩌면 가까운 미래에는 스펙 자체가 그 역할을 다하지 못할 지도 모른다. 취업이든 창업이든 수집한 스펙보다 이를 스토리로 엮어내는 힘이 더 중요할 수 있다. 이제 청년들은 스펙을 넘어 스토리에 뛰어들기 시작했다.

청년들이 식당을 창업한다 가정해 보자. 그 동안은 경험과 기술로 창업을 해왔을 것이고 경험치와 기술 여부가 성공과 실패를 갈랐다. 하지만 이제는 똑같은 식당을 창업해도 스토리와 컨셉을 넣어야 손님을 불러들일 수 있다. 소비자들이 음식을 소비하면서 스토리를 소비하기 때문이다.

스토리가 있다는 건 각종 지원을 받을 때에도 필요하다. 청년들을 위한 각종 창업지원 프로그램이 있는데, 이 프로그램은 사업의 취지와 배경, 목표에 관련된 스토리에 민감하다. 단순한 청년 창업지원보다는 사회문제를 비즈니스 모델로 해결하겠다는 창업 정신을 높이 사는 것이다. 기관의 입장에서 볼 때, 이미 존재하는 사회적 문제를 비즈니스 모델로 해결할 수 있다면 두 마리 토끼를 잡는 셈이고, 창업자 입장에서도 초기 창업 자금의 확보는 사업의 성패를 가르는 숭요한 문제가 된다. 쉬운 일은 아니다. 사회문제와 사업을 연결시킬 가능성과 의미를 부여할 개연성이 있어야 하는데, 돈을 벌면서 사회문제를 효과적으로 해결한다는 게 말처럼 쉽지 않기 때문이다.

북향민들도 창업을 시도한다. 하지만 대부분 사회문제 해결보다는 당장의 생계에 초점이 맞춰진 경우가 많다. 창업지원 기관들이 요구하는 사회문제 해결과는 크게 관련이 없는 것이다. 하지만 그럼에도 창업지원을 받으려고 시도하는 경우, 북향민이라는 존재가 창업 예산 지원을 받을 때 꽤 유리하게 작용할 수 있다. 실제로 유리한 측면이 있다. 아무래도 북향민들의 삶과 역사, 그리고 배경지식이 남한 청년들과는 다르기에 돋보일 수밖에 없다. 그렇지만 그 배경에서 오는 스토리가 항상 성공을 보장하는 것은 아니다. 북향민 청년들에게 '북한 출신'이라는 스토리는 창업에 있어 일종의 양날의 검과 같다. 창업 예산을 받는 단계에서는 출신 자체가 명분이 되고 상품성으로 작용할 수 있다. 그러나 사업은 결국 지속적으로 소비자를 유지하고 관리할 수 있어야만 수익을 만들 수 있다. 지속적으로 소비자에게 교환가치를 제공해야 한다는 것이다. 하지만 북향민 청년들의 창업 스토리는 마치 선물의 포장지와 같다. 창업지원 기관에는 사회적 가치 창출이 가능하다며 포장했지만, 정작 소비자에게 제공할 내용물은 부족하거나 없는 것이다.

창업 프로그램의 한계

남북하나재단을 비롯한 통일 문제에 관심이 있는 기관이나 단체, 심지어 기업에서도 북향민의 창업지원을 확대하려고 노력한다. 북향민들이 한국 사회에서 잘 정착해서 성공하는 것이 사회통합을 위해서 필요하다는 문제의식이 반영된 결과다. 상당히 긍정적인 접근이다. 실제로 창업을 준비하는 북향민들에게 이런 창업지원은 확실히 큰 도움이 된다. 하지만 기관들의 창업지원 프로그램은 사회적 임팩트, 즉 사회문제 해결이라든가, 통일문제와 연결시킨 사업모델을 선호한다는 측면에서 우선 한계가 있다. 창업지원 프로그램의 취지가 그렇기 때문에, 그 취지에 맞출 수밖에 없을 것이다. 그러나 사업으로 돈 벌면서 사회문제를 해결하고, 더 나아가 분단극복이라든가 통일문제로 연결시키는 건 쉬운 일이 아니다. 기껏해야 사업을 키워서 북향민을 많이 채용하겠다는 양적 수치 확대 정도가 현실적으로 가능성이 있는 창업의 임팩트다. 남북의 차이점을 극복하고 공감대를 확산하겠다는 식의 사업모델들도 있지만, 대부분은 사회적 가치만 있을 뿐 사업성은 거의 없다고 봐야 한다. 북한 음식으로 남북의 차이를 극복해 보겠다는 청년들도 있다. 음식으로 통일 공감대를 확산하겠다 것과 먹고사는 문제를 해결해야 한다는 것 사이에 연관성이 적고, 그런 측면에서 사업성이 낮다. 예컨대 북한식 냉면 같은 경우, 우선 냉면 자체가 한국 음식이라고 불러도 무방할 정도로 흔해서, 초기에 스토리와 컨셉으로 이목을 끈다고 해도 결국 맛과 서비스로 고객을 유지해야 한다. 창업 후 유지에 대한 고민이 없다면, 통일 공감대는커녕 하루하루 매출에 신경써야 하는 처지가 되는 것이다.

스토리의 한계

⟨두부밥⟩은 대표적인 북한 음식으로 많이 알려져 있다. 두부밥은 유부초밥과 비슷한 원리로 두부 사이에 밥을

넣어 양념을 발라서 먹는 음식이다. 북한의 대표적인 서민 음식인데, 두부밥을 상품화하려고 시도한 사업가가 여럿 있었다. 하지만 두부밥은 여러 번의 시도에서도 사업화에는 실패했고 지금까지 사업화에 실패한 대표적인 음식으로만 남아 있다. 가장 최근인 올해 여름, 한 북향민 청년이 자살로 생을 마감했다. 두부밥 사업을 창업해서 언론에도 많이 알려졌던 청년이었다. 그는 두부밥을 밀키트로 만들어서 파는 아이템으로 사업을 시작했다. 그러나 상용화하는 데 실패했다. 여러 기관에서 투자를 받아 공장까지 지었지만 사업가로서의 어려움과 개인 사정, 그리고 채무 독촉이 겹치며 더 이상 견디지 못했다고 한다. 나는 이것이 스토리의 함정이라고 생각한다. 북향민 청년사업가에 대한 한국사회의 부풀려진 관심이 되려 청년 사업가의 현실 파악에 장애가 된 것이다. 이처럼 많은 기관들이 내세우는 '스토리'는 많은 장점을 갖고 있지만 동시에 그 한계 또한 분명하다.

북향민 창업 지원에 대하여

다양한 북향민 창업지원 프로그램

청년들의 경제적 자립을 위한 가장 일반적인 방식은 취업이다. 그러나 취업시장이 어렵다면 창업이라는 선택지도 있다. 하지만 북향민 청년들의 경우 앞서도 언급했다시피 취업 시장에서 경쟁력이 굉장히 떨어진다. 결국 취업 대신 창업을 고려하는 비율이 그만큼 높아진다. 그러나 창업에 필요한 초기 운영자금 등 기초 자산이 턱없이 부족하다. 한국사회에서 북향민 청년들은 여전히 사회자본, 문화자본, 인적자본이 현저히 부족한 사회적 약자이니 당연한 사정이다. 실제로 2022 북한이탈주민 정착실태조사에 따르면 '더 나은 남한생활을 위해 필요한 지원'을 묻는 질문에 한 답변 1위가 '취업, 창업지원'(21.9%)이었다. 그렇다면 창업 현황은 어떨까? 북향민 창업현황을 보면 대체로 자영업자 혹은 소상공인에 해당되고, 80% 이상이 개인사업자로 경제생활을 한다. 북향민 정착지원 정보를 공유하고 돕는 사단법인 우리온과 아산나눔재단에서는 2019년 북향민 대상 창업지원 인식조사를 했는데, 응답자 130명 중 93%인 114명이 창업 의지를 보였다. 이에 비해 북향민을 위한 창업지원 정책이나 제도에 대해서는 들어본 적이 없다는 응답은 77%나 됐다.

창업지원 프로그램을 이용하면 초기 사업화 자금을 확보하고 창업에 대한 기본적인 교육을 받으며 마케팅을 배우고 현장에서 실습을 해볼 수 있는 기회를 가질 수 있다. 민간 지원의 경우 조금 더 디테일한 교육이 지원된다. 사업모델의 발굴 및 구축, 제품 브랜딩, 수요자 분석과 타켓팅 설정 등 초기 창업을 위한 단계별 교육 프로그램이 좀 더 세밀하게 제공된다고 볼 수 있다. 물론 커리큘럼은 기관별로 조금씩 차이는 있겠으나 프로그램의 구성 자체는 대동소이하다. 북향민 대상으로 운영되는 창업 프로그램을 보면, 남북하나재단의 '통일형 예비사회적기업 및 창업지원 프로그램', 아시아재단의

'탈북민 기업가들을 위한 자기주도적 기업가 육성 프로그램', 더브릿지의 '탈북민 창업가 성장 지원 프로그램', 재단법인 통일과나눔, 사단법인 한반도발전전략연구원의 '통일 스타트업스쿨', 아산나눔재단의 '아산상회' 등이 있다.

남북하나재단의 '통일형 예비사회적기업 지정 및 지원' 프로그램에서는 3년 간 통일부 산하 부처형 예비사회적기업을 지정하고 기업당 2천만 원 범위 이내의 사업개발비를 지원한다. 또한 통일부의 사회적기업 인증 추천을 받을 수도 있다. 또한 하나재단에서는 카페창업이나 봉제사업, 제과제빵 등의 창업지원을 위해 지역자활센터와 공동으로 자활사업을 운영하고 있다. 이밖에도 소규모 창업을 희망하는 북향민 개인사업자에게는 최대 350만 원의 창업자금을 지원하고 필요시 상담과 함께 현장 실습을 지원하기도 한다. 이미 사업을 하고 있는 북향민들의 경우, 시설 보수나 홍보, 마케팅, 컨설팅에서 지원받을 수 있다.

아시아재단의 경우 '탈북민 기업가들을 위한 자기주도적 기업가 육성 프로그램'이 있다. 이 프로그램은 북향민 여성 및 난민 등 취약계층을 대상으로 맞춤형 교육

과정을 제공한다. 사단법인 더브릿지의 경우, 북향민 창업에 대한 비즈니스 진단을 시행하고 시스템 개선 등을 통해 성장할 수 있도록 돕는 프로그램을 운영 중이다. 특히 낮은 인지도와 부족한 홍보력으로 어려움을 겪는 북향민 기업이 일반 기업들과 협력할 수 있도록 카탈로그와 리플렛을 제작하는 시도도 하고 있다. 크라우드 펀딩으로 창업 초기 자금 지원을 유도하기도 한다.

재단법인 통일과나눔에서 운영하는 '통일 스타트업스쿨'은 실전형 액셀러레이팅 프로그램이다. 창업의지가 있는 북향민 청년이나 북향민이 대표자로 있는 3년 이내의 기업, 북향민 고용비율이 30% 이상인 기업, 통일형(예비) 사회적기업을 대상으로 하여 지원한다. 일정 기간 동안 창업 교육과 전문가 컨설팅과 멘토링 등을 통해 사업모델을 발전시킬 수 있도록 돕는 것이다.

아산나눔재단의 '아산상회'도 비슷하다. 기수별로 세부 프로그램의 차이는 있으나 창업의지가 있는 북향민 청년들을 대상으로 창업교육과 전문가 컨설팅과 멘토링을 지원한다. 아산상회는 2023년 현재 5기가 운영되고 있으며, 투자받을 수 있는 사업모델로 업그레이드

하는 걸 목표로 프로그램이 운영된다. 이후 데모데이 (Demoday) 발표를 통해 민간 투자자로 연결될 경우, 지원금을 매칭하여 지원해 준다. 데모데이는 스타트업을 홍보해 투자, 채용, 홍보로 이어지는 기회를 제공하는 행사다.

창업지원과 '통일 임팩트'

이렇듯 다양한 프로그램이 북향민들에게 제공되고 있다. 그러나 정작 북향민들 입장에서 보면 여전히 부족한 게 사실이다. 정부 지원의 경우만 봐도 하나재단을 제외하면 북향민 청년들을 위한 창업프로그램 자체가 거의 없다고 느껴지기 때문이다. 하나재단의 경우에도 지원 후 성공한 사례가 그리 많지는 않다. 눈에 띄는 성공 모델이 없다는 건 민간지원사업도 마찬가지다. 사정이 이렇다 보니 북향민 청년 사업가 중 현재까지 꾸준히 사업을 유지하는 대다수가 정부나 민간의 지원사업 출신이 아니며 대부분 맨땅에 헤딩한 자수성가형이다.

또한 민간 지원의 경우 창업 프로그램의 문턱이 높아지고 있는 것도 문제다. 소위 사회문제를 해결하는 '소셜 임팩트'가 있거나 북한 인권을 알리거나 통일 문제를 공론화시킬 수 있는 '통일 임팩트'가 있는 사업모델, 그것도 아니라면 북향민을 채용하는 방식으로라도 접근해야 지원을 받을 가능성이 생기는 것이다.

사회 공헌 사업으로 진행되는 민간 지원기관의 성격을 십분 이해하더라도 이런 문턱은 북향민 청년 창업가들에게는 장벽으로 다가올 수밖에 없다. 대한민국의 보통의 청년 사업가들 비교했을 때, 북향민 청년 사업가들은 생계를 위해 지원사업에 뛰어들었는데도 불구하고, 소셜 임팩트, 통일 임팩트까지 고려해야 한다. 당연히 이런 유형의 창업지원 프로그램에 다가가기는 결코 쉽지 않다. 또한 프로그램에 교육만 있는 경우 참여율이 현저히 저조해진다. 당장의 생계가 급한 사람들에게 수개월의 시간 동안 수업만 받고 있으라 하니, 그럴 여유가 없는 것이다. 이러한 이유로 북향민 창업지원을 하는 민간 기관 관계자들 또한 교육생 확보에 고민한다.

좋은 지원사업의 취지와는 다르게 현신의 이러한 어려움을 보면서, 나는 창업지원 프로그램의 목표를 조금 다르게 정하면 어떨까 하는 생각을 한다. 소셜 임팩트나 통일 임팩트가 있든 없든 북향민들의 영리 사업을 지원하고 수익 구조를 만드는 방향으로 말이다. 나는 그런 수익 구조를 만들어내는 것 자체가 통일 임팩트가 생기는 일이라고 생각한다. 그들의 창업 목적에 원대한 통일에 대한 그림이 없더라도 북향민들이 한국사회에서 잘 먹고 잘살 수 있다면, 그래서 목소리를 낼 수 있다면 그것이야말로 가장 중요한 통일 임팩트다. 북향민들과의 사회통합이 성공한 사업가들로부터 나오는 게 아니라, 한국 사회에서 취업과 창업에서 낙오되지 않고 정착한, 평범한 시민이 된 북향민에게서 나온다고 생각하기 때문이다.

빛과 그림자

점프 귀순

2022년 1월 1일 월북한 30대 북향민 청년. 탈북 1년 만에 다시 죽음을 무릅쓰고 자신이 넘어왔던 휴전선 철책을 넘어 고향으로 돌아갔다. 모든 관심은 일제히 "점프 귀순", "매번 뚫리는 철책", "허술한 군 경계망"에만 모아졌다. 언론들은 이 청년의 월북 동기에는 관심을 두지 않은 채 '간첩' 가능성에만 무게를 두어 기사를 다뤘다. 일부 보수 유튜버들과 북향민들은 아예 그를 간첩으로 몰았다. 떠나간 이는 더 이상 말이 없으니 온갖 소설이 난무했다. 이 사건은 한 청년이 자신이 떠나온 원래 자리로 돌아간 사건이다. 그는 결국 한국 사회 정착에 실패하여 다시 고향을 찾아 철책을 넘었다. 그를 비난하기 전에 '왜?'라는 질문을 먼저 던져야 한다. 왜냐하면 누가 봐도 '당연히 더 좋은 곳'에서 '당연히 더 나쁜 곳'으로 다시 되돌아갔기 때문이다. 도대체 어떤 일이 있었던 것일까? 후속 조사에 따르면 그는 외로움에 힘들어했다고 한다. 갑자기 주어진 자유의 섬에 고립된 사람의 마음을 상상해 본다. 같은 언어를 쓰고 같은 얼굴을 하면서도 오히려 이방인의 존재로 살아가는 그늘진 마음이다.

성공한 청년 사업가

북향민 청년 사업가 중에 투자금을 여러 곳에서 받아서 성공사례로 언론에 많이 소개됐던 청년이 있다. 여러 언론에 주목을 받은 북향민 청년 사업가 김 모 씨, 그녀는 올해 여름 고인이 되었다. 북한의 대표음식인 두부밥을 한국 사람들 입맛에 맞게 만들어 판매하는 사업으로 언론에는 성공한 탈북 여성 창업가로 자주 소개되었다. 하지만 그녀는 투자금 채무에 시달리다 스스로 목숨을 끊었다. 창업을 시작한 지 불과 몇 년 안된 초기 단계라 이제 막 공장을 세우고 사업을 본격 시작하려던 찰나였다. 앞서 두부밥을 온라인에서 공개하며 판매를 시작했으나 사업 초기단계가 으레 그렇듯 수익은 거의 없는 상태였다. 그녀는 대부분의 공동 창업자들이 겪는다고 하는 문제들을 겪었고 투자금 대비 수익이 발생하지 않아 매몰 비용만 쌓이는 스트레스를 겪고 있었다고 한다. 그녀의 사업모델이 사업성이 있고 없고는 내가 논할 주제가 아니다. 중요한 건 투자자들이 그녀의 사업에 투자한 건 사업성이나 수익성을 확인했기 때문이었을 것이고, 그럼에도 불구하고 수 억의 투자금을 유치한 그녀가 죽은 것이다. 그리고 뒤늦게 그녀가 생전에 주변 사람들과 제대로 사업에 대한 고민을 나누지 못했다는 사실이 드러났다. 다른 북향민 청년 사업가들도 그녀의 사업이 회복 불가능한 상황까지는 아니었다면서, 마음을 터놓고 나눌 사람이나 공동체가 주변에 있었더라면 최악의 선택은 하지 않았을 것이라 입을 모았다. 죽을 만큼 힘든 데도 고민을 털어놓거나 조언을 받을 수가 없었다는 건 같은 북향민의 입장에서 아프게 다가온다. 대부분의 북향민 청년 사업가들이 속마음 털어놓을 공동체가 필요하다는 데 공감한다.

언론이 주목하면 사업가는 잘하고 있다는 착각이 들수 있다. 또 언론은 보고 싶은 면만 볼 뿐 북향민들에 대한 다층적인 모습을 입체적으로 다루지 않는다. 언론이라는 게 그렇게 만들어진 것이겠지만, 사람들은 북향민들의 정착 사례를 대상화하고 계층적인 시선으로 바라보는 경향이 있다. 하지만 성공이 '사례'로만 남게 되면 그 뒤에 겪는 실패는 감추고 살아야 한다. 이 때문에 실제로 성공적인 정착 사례로 언론에 자주 소개됐던 북향민들은 홀로 어려움을 겪다가 안타까운 결과를 맞이하는 것이다. 남북하나재단에서 상담사로 일하던 북향민 A 씨. 그는 같은 북향민들의 정착을 돕는 전문 상담사로 일하며 성공적인 정착 사례로 언론에 소개되기도 했다. 그러나 그 후 수개월이 지나 자신의 집에서 백골이 다 된 상태로 발견되었다. 고독사한 것이다. 가족이나 친척 없이 홀로 온 북향민들은 사망사실조차 제때에 알 수 없다는 쓸쓸한 이야기다.

북향민 청년들이 한국사회에서 성공했다는 기준은 어떤 것이며 그 정의는 무엇일까?

나는 그 기준을 경제적 자립에서 찾는다. 북에서 온 청년들이 그저 평범하게 또래 남한 청년들과 경쟁하고 취업해서 홀로 살든 결혼을 하든 자기 만족을 하며 살 수 있는 것. 그 정도가 된다면 나는 기꺼이 성공이라고 부르겠다. 혈연, 지연, 학연 하나 없던 북향민 청년들이 전혀 다른 체제에서 맨땅에 헤딩만으로도 남한 청년들과 같은 선상에서 경쟁하며 산다면, 그것 만으로도 멋진 일이고 축하의 박수를 받을 만하다. 돈을 많이 벌거나 유명해지는 것은 어디까지나 예외일 뿐이지 그것이 북향민의 성공 기준은 아니다. 내가 생각하는 북향민 청년들의 성공은 그저 평범한 삶의 다다름 혹은 회복이다. 이런 의미에서 북향민 청년들의 성공 사례는 많아지기를 소망한다. 그러나 현실은 다르고, 또 냉정하다. 북향민 청년들의 자살률은 남한 사람의 세 배가 높다. 한국사회는 청년 세대부터 노년 세대에 이르기까지 자살률이란 측면에서는 여느 국가들을 압도하는데 북향민 청년들은 여기서 세 배를 웃도는 것이다.

'자유의 섬'에서 실패한 삶을 통해 배운다

통일부가 발표한 2021년 하반기 북한이탈주민 취약계층 조사·지원 결과를 보면 남한 사회에 내려와 살며 정서적·심리적인 부분에서 어려움을 겪는다고 응답한 북향민이 47%에 달했다. 실제로 많은 북향민들이 북한에서의 억압과 탈북 과정에서의 공포와 트라우마로 정서적 불안과 외로움을 겪고 있다. 여기에 새롭게 정착한 한국 사회에서의 차별과 편견이 더해지는 것이다. 휴전선 철책도 넘었던 강인한 사람들이 자신을 이방인으로만 대하는 차가움 앞에 무너지고 만다.

북향민들의 소득 최하위 계층 비율은 평균보다 6배에 달한다. 자살률도 앞서 이야기한 것처럼 일반 국민의 세 배 이상이다. 2018년 북한인권정보센터(NKDB)의 '북한이탈주민 경제사회통합 실태 조사'에 따르면 다시 북으로 돌아가고 싶다고 생각한 적이 있다는 응답한 비율도 23%나 된다. 적어도 다섯 명 중 한 명이 다시 돌아가고 싶다는 생각을 한다는 것이다. 그만큼 북향민들이 한국사회 정착에 어려움을 겪고 있다는 의미다. 북향민들이 마주한 냉정한 현실이다. 물론 한국 사회에 잘 정착해서 살아가는 북향민이 그렇지 않은 북향민보다 훨씬 많다. 하지만 앞서 30대 청년의 월북사건은 북향민이 살아가는 한국 사회가 우리가 예상하는 수준보다 훨씬 쓸쓸함을 보여준다.

대다수의 북향민들은 탈북할 때부터 한국 사회에 대한 환상을 가진다. 자유와 기회를 찾아 이곳에 왔으니 당연한 마음이다. 이러한 북향민들에게 좀 더 현실적인 초기 교육지원이 필요하다. 대한민국에는 초기 정착을 교육하는 하나원이 있다. 이곳에서 북향민들은 향후 살아갈 대한민국에 대한 기본적인 교육을 받는데, 나는 이곳에서부터 앞으로 북향민이 마주하게 될 냉혹한 현실에 대해 체계적으로 배울 필요가 있다고 생각한다. 또한 심리상담, 트라우마 치유, 민주시민교육, 직업교육으로 커리큘럼을 개편하고 하나원 퇴소 이후에도 각 지역의 하나 센터와 연계하여 북향민이 초기 정착에 모든 걸 집중할 수 있도록 지원할 필요가 있다.

4부

그럼에도 불구하고 유니티

우리 세대에 통일이란

나와 무슨 상관인가

다시, 우리 세대의 통일

우리 세대에 통일이란

지금 이대로가 좋아요

"통일이요? 저는 지금 이대로가 좋아요." 요즘 청년들의 솔직한 고백이다. 그냥 서로 남처럼 다른 나라로 사는 게 편하다고들 한다. 해마다 통일인식 여론조사를 하지만 통일에 대한 부정적 인식이 증가하고 있다. 특히 남북관계가 경색되는 국면에서는 그 비율이 더 높아진다. 통일에 대한 국민들의 인식이 남북관계 변화에 따라 달라지는 건 어쩌면 당연한 일이기도 하다. 현재 집권여당인 국민의힘 윤석열 정부에서는 남북관계 자체가 존재하지 않고 오히려 이전 정부에서 남북 간에 합의했던 내용들도 파기하는 상황이다. 이러한 적대관계에서 국민들의 인식은 부정적으로 커질 수밖에 없다. 이러한 경향은 청년세대에서 더 뚜렷하게 나타난다. 자기 살길을 마련하는 게 무엇보다 급선무인 세대에게 정치권과 기성세대의 말하는 '통일의 당위성'은 와닿지 않는다. 게다가 청년 세대에게 남북관계보다 더 중요한 화두들이 있다. 대표적으로는 취업 같은 경제적 생존이 있겠고, 또 그중 하나가 '공정'이라는 화두다.

지난 2018년 평창 동계올림픽에서는 남북단일팀을 구성했다. 이 문제에 관해 그 당시 청년들 사이에서 전에 없던 흥미로운 반응이 나왔다. 공정성 이슈였다. 남북이 단일팀을 구성하면 평화의 메시지는 완성되지만 경기에 출전할 수 있는 선수 엔트리가 제한된다. 이로 인해 올림픽 출전을 위해 오래도록 연습해온 일부 선수들은 경기를 뛰지 못할 수 있다. 청년들은 즉각 반응했다. 남북의 평화를 위해 오랜 시간 연습해온 선수들 개인에게 피해를 주어서는 안 된다는 주장이었다. 하지만 청년들의 이런 반응에 정치권은 국가적 명분으로 답했고 낭시 이낙연 총리는 "단일팀 구성, 선수 개인의 욕망을 넘어 역사를 만든다는 자부심을 가져달라"고 요구했다. 이것이 기성 정치권과 젊은 세대의 차이다. 누구를 위한 역사인가. 과연 불만을 제기한 청년들이 이기적인 것이었을까?

청년들은 불평한다. 기성세대도 70년 간 해결하지 못한 과제에 대한 관심을 청년들에게 강요한다고. 이제 진부한 이야기가 돼 버린 통일은 청년 귀에 잘 들어오지 않는다. 청년의 위기라고 불리는 요즘, 통일의 과제를 외면하는 그들의 무관심을 무작정 탓할 수는 없는 것처럼 보인다. 그럼 어떻게 해야 하는 것일까?

이것은 여전히 정치권의 숙제로 남아 있다. 남북관계가 좋을 때든 나쁠 때든 적어도 지금과 같은 방식으로는 안 된다는 게 청년들의 대답이다. 우리 세대의 이런 반응을 권력을 쥔 기성 세대가 경청해 준다면, '퍼주기' 같은 프레임으로 청년들의 민감한 '공정' 감정을 건드려서는 안 되는 것 같다. 통일이 '나에게 손해가 되는 것'으로 인식된다면, 이번 세대에서든 다음 세대에서든 통일을 위한 여러 가지 노력이 허사가 될 가능성이 크다. 공정의 가치를 보전하면서, 퍼주기 프레임을 타개하는 것이야말로 정치가 할 일처럼 보인다. 하지만 나는 청년들이 공감하고 동참할 수 있는 새로운 통일담론의 목소리는 듣지 못했다. 명확한 청사진 제시도 본적이 없다.

전쟁위기 해소가 우선

2022년 서울대학교 평화통일연구원의 통일의식조사
에 따르면 통일이 필요하다고 보는 사람은 2018년에
59.7%이던 것이 2022년에는 46%로 줄어들었다. 통일
이 필요하지 않다는 사람도 2018년 16.1%에서 2022년
26.7%로 증가했다. 통일이 되어야 하는 가장 중요한 이
유로 뽑힌 것은 '전쟁 위협을 없애기 위해서'였다. 그다
음은 '남한에 경제적 이익을 준다'는 게 이유였다. 반면
통일이 필요 없다고 응답한 사람들은 통일이 남한 경
제에 손해를 입힐 수 있기 때문이라고 답했고, 그다음

으로는 새로운 사회 갈등이 생길 수 있음을 우려했다. 이런 응답에서만 봐도 우리 한국인들은 국가 통합방식의 통일보다 당면한 '전쟁 위협 해소'를 위한 해결책으로서 통일을 바라본다는 것을 알 수 있다. 그런데 재미있는 건 이런 응답이 집권한 정부의 성격에 따라 확연히 달라진다는 것이다. 2018년 민주당이 집권여당이던 문재인 정부 당시, 같은 기관에서 남북관계에 대한 조사를 진행했다. 그때에는 북한에 대해 '협력 대상'이라고 응답한 비율이 45.3%로 가장 높았고 '적대 대상'이라는 응답은 25.8%에 불과했다. 하지만 2022년 윤석열 정부에서 같은 기관의 동일한 조사를 거쳤을 때, 북한이 협력 대상이라고 응답한 비율은 11.8%에 불과했고, 적대 대상이라고 응답한 비율은 59%를 기록했다. 2018년 이전 정부의 두 배가 훨씬 넘었다. 2018년에는 4명 중 1명만 북한을 적대 대상이라고 인식했지만, 2022년에 이르러서는 2명 중 1명이 적대 대상으로 인식하고 있는 것이다. 북한이 협력의 대상인가, 적대의 대상인가를 결정하는 문제는 결국 사람들의 관심보다 집권 정부의 성향에 따라가는 경향이 강하다는 걸 보여준다.

2017년 말 한반도 전쟁위기설 등 일촉즉발의 위기를 넘기고 2018년 평창동계올림픽을 계기로 오랜만에 남과 북의 화해 분위기가 조성되었다. 청년층 일부에서 '공정'을 이유로 남북선수단 구성에 회의적이었으나 대회 종료 이후의 평가는 사뭇 달랐다. 대회 시작 전까지 부정적이었던 인식이 대회 종료 후에는 성공적이라는 평가로 바뀌었다. 함께 뛰는 남북선수들을 보며 모두가 가능성을 본 것이다. 무엇보다 남북관계를 통해 '평화'라는 키워드를 새로운 시대정신과 유산으로 남겼다. '통일보다 평화가 먼저'라는 접근 방식이 정치권은 물론 연구자들과 국민들에게도 공감을 얻은 것이다. 실현 불가할 뿐만 아니라 현실성도 없는 통일을 주장하기보다는 우선 통일로 가기 위한 단계가 필요하다는 것이며, 그 방식에도 어느 정도 사회적 합의가 생겼다고 볼 수 있지 않을까. 남북대화나 교류의 우선적 목적 또한 통일이라는 당위성이 아닌 전쟁위기 해소라는 매우 구체적이고 현실적인 욕구로 바뀌었다. 나는 이것이 매우 중요한 변화라고 생각한다. 우리는 아직 전쟁이 끝나지 않은 나라로 언제 다시 전쟁이 나도 이상하지 않기 때문에, 이런 상황을 잘 아는 사람들 대부분은 군사적 위기 해소를 최우선으로 생각한다. 군사적 위기만 없다면 분단 체제로 살아가는 데 지장이 없다는 것이다. 그럼에도 통일 담론은 여전히 90년대 '한민족공동체통일방안'에 머물러 있는 데다 통일 교육은 획일적이고 수직

적이며 주입식이다.

동원되는 통일교육

해마다 5월 말은 통일교육 주간이다. 통일교육에 대한 다양한 행사와 강의들이 진행된다. 학교들은 저마다 평화, 통일, 인권 관련 강의를 개설한다. 정부는 '통일교육 시범학교'를 모집하고 관심 있는 학교들은 통일교육 강의를 진행한다. 초중고 학생들이 강의실과 대강당에 모여들어 준비된 통일교육 강의를 듣는다. 통일교육 전문가나 교수들, 북향민들이 강연자로 나서서 통일을 해야 할 이유들과 북한의 실상에 대해 이야기한다. 아이들은 저마다 목소리 높여 수군거리며 떠들기도 하고 졸기도 한다. 몇몇 흥미를 보이는 아이들은 집중해서 듣고 질문도 한다. 학교들마다 비슷한 풍경이다. 나는 그동안 전국의 여러 지역 학교들을 다니며 통일교육 강의를 했다. 일반학교부터 민간단체 강의, 교회 청년부, 성인대상 강연 등 통일에 대한 다양한 강연을 하면서 통일교육의 여러 문제점들을 봤다. 우선 학교 통일교육은 정규교육과정에 포함되지 않아서 의무는 아니다. 학교 교사들 중에서 통일교육에 관심 있는 교사들이 해당 프로그램을 지원해서 학생들에게 통일교육을 한다. 대학교도 마찬가지다. 그래서 통일문제에 관심을 가진 교사가 학교에 없다면 학생들에게 통일교육의 기회는 제공되지 않는다. 때때로 교사가 통일교육을 신청한다 하더라도 학교장의 반대에 부딪혀 이뤄지지 않는 경우도 있다. 교사들이 재량으로 개설하는 통일교육이라도 있어서 그나마 다행이지만 통일교육이 정규교육과정에 포함되지 않으면 점점 사라질 수밖에 없다. 입시 위주의 교육체제 하에서는 더욱 그렇다. 통일교육이 수능과목도 아니니 학생들도 별 관심을 갖지 않고 교사의 재량에 따라 통일교육 강의가 열린다 해도 강의 내용으로 문제 삼는 학부모들도 있다. 이 때문에 교사들의 고민이 이만저만이 아니다. 이 문제로 학부모를 탓할 수도 없다. 통일교육 자체도 일관성이 없어 정권에 따라 그 내용이 바뀌기 때문이다. 보수정부가 들어서면 통일교육이 인권교육으로 바뀌어 아이들에게 북한의 비참한 실상이나 인권탄압에 대한 내용들이 주로 전달된다. 통일교육 전문 강사가 아닌 일부 북향민들의 현장 강의로 이뤄지는 경우도 많은데 이 경우 자극적인 내용이 포함된다. 초등학교 1~2학년 아이들에게 북한의 길바닥에 굶어 죽은 아이의 적나라한 사진과 이야기를 보여주고 들려주는 강의가 도대체 통일교육과 무슨 연관성이 있을까?

통일교육 강의를 할 기회가 생길 때마다 나는 매번 학생들에게 물어본다. 통일을 원하는지, 반대하는지 솔직하게 손들어 보라고. 옳고 그른 문제가 아니니 주변의 분위기에 따라 눈치 보며 손을 들 필요는 없다고 말해준다. 그러면 아이들이 꽤 솔직하게 손을 든다. 통일에 반대하는 이유도 솔직하게 말한다. 그럼 나는 다시 아이들에게 "여러분이 생각하는 통일은 어떤 통일이었어요?"라고 되묻는다. 아이들이 제대로 답변하지 못한다. 그저 남과 북이 같이 사는 것이라거나 남한의 방식대로 통일되는 것이라고 말한다. 이것은 어른들이 그토록 갑론을박하는 통일 방식일 뿐이다. 아이들만이 대답할 수 있는 창의적이거나 엉뚱한 답변은 전혀 나오지 않는다. 그렇다. 아이들은 통일교육을 듣고만 있을 뿐 통일에 대한 생각을 하고 있는 건 아니다. 아이들의 잘못은 아닌 것 같다. 그렇다고 어른들 누군가의 잘못도 아니다.

어느 중학교에 통일교육 강의를 나갔을 때였다. 강의를

하던 도중 질문을 여럿 받았다. 그중 한 질문은 이런 것이었다. "지금 김정은을 욕할 수 있나요?" 당황스럽고 안타까웠다. 아이들이 기껏 할 수 있는 질문이 이런 수준이라니. 그동안의 학교 통일교육에 한심함이 느껴졌다. 내가 북한에서 왔기 때문에 최고지도자를 욕할 수 없다고 생각해서였는지, 아니면 북한 출신의 사상적 정체성이 여전히 궁금했던 것인지 질문의 의도를 알 수는 없었지만 이유가 무엇이든 안타까웠다. 순진한 아이들만 그런 질문을 하는 것은 아니었다. 어른들도 마찬가지였다. 실제로 정치권에서도 이런 식의 질문들이 종종 회자되곤 했다. 김정은에게 "XXX"라고 욕을 해보라고, 못하면 '친북'이며 '종북'이라고. 하지만 욕으로 사람의 정신을 검증해 보려는 이런 방식이 어째서 저급하며 또 어째서 질병인지는 생각하지 않는다. 과거 오랫동안 야만에 감염돼 있던 인류가 이교도를 학살했을 때, 그들이 고작 생각해 낸 피학살자 선별이 그런 식이었다. 깡패들이 일삼는 악행을 따라 해서는 안 된다.

아이들 앞에 서서 강연을 하다 보면 내 마음이 다 쓸쓸해지고 기운이 빠질 때가 생긴다. 입을 열어 질문하지 않더라도 우리는 눈빛만으로 그 사람에게서 많은 정보를 얻을 수 있다. 아이들의 눈을 바라보면 억지로 불려

왔다는 인상을 받는다. 사실 아이들이 원해서 통일교육 들으러 왔을 리도 없고, 대부분의 수업이 학생 희망에 따라 정해지는 것도 아니니, 어쩌면 그런 눈빛이 당연한 일이다. 그럼에도 통일교육 자체가 학생들을 억지로 동원하지 않고서는 이루어질 수 없다는 생각이 들면, 내 마음이 쓸쓸하고 괴롭다. 이런 생각은 특히 정부의 통일교육 주간에, 통일교육 시범학교에서 자주 드는데, 할당된 통일교육 횟수를 채우기 위해, 혹은 저마다의 사업 목표를 채우기 위한 학생과 강사를 강연에 동원한다. 그런데 이 시기에 그런 방식의 통일교육이 하도 진부하니 교사들은 학생들의 관심을 높이기 위해서 북에서 온 북향민들을 강사로 초청한다. 교사들이 자체적으로 만든 통일교육보다 북향민들이 강연하는 강의에 학생들의 호응도가 높은 것은 당연하다. 아이들의 입장에서는 북에서 온 사람들을 만나 본 적이 없을 테니 신기할 것이다. 북향민들은 이들 학생들에게 주로 자신이 살아온 이야기, 탈북 이야기, 북한인권 실태 등에 대해 증언한다. 그러다 보니 강살들이 본의 아니게 길바닥에서 굶어 죽는 북한 아이들 사진을 보여주는 경우가 생기기도 하고, 심하게는 공개 처형이 자행된 이야기까지 들려주기도 한다. 아이들에게는 그야말로 강렬한 인상이 남을 것이다. 특히 북한에 대한 증오를 전달하려는 북향민 통일교육 강사의 경우, 기승전결 스타일로 남한 체제가 우월하니 북한을 무너뜨려야 한다는 방식으로 끝나고 만다. 이들은 군부대에서도 동일한 안보 강연을 하기도 하는데, 재미있게 가공된 얘기가 반북정서, 반공정서를 고취시키는 효과를 낳기에는 이롭다. 그렇지만 그게 과연 통일교육일지는 의문이다.

그렇다면 어떤 통일교육이 적절한 것일까? 우리는 교육을 통해 이런 질문을 던져야 하지 않을까? 어째서 통일을 해야 되는지, 통일된 나라는 어떤 나라여야 하고 통일 사회의 모습은 어떠해야 하는지, 통일 과정에서 발생할 수 있는 문제는 무엇이며, 통일이 과연 유일한 대안인지에 대한 질문과 토의 등. 통일이 당연한 것이니까 통일교육을 하는 것이 아니라, 통일 그 자체에 대해 서로 얘기를 해야 한다는 것이다. 그리고 사람들에게 물어야 한다. 어떤 통일을 원하는지.

특히 초등학교 통일교육에 있어서는 민족담론을 넘어 다문화적 요소까지 적극 염두에 둬야 한다. 한국은 이미 다문화사회에 접어들었다. 국내 다문화 가구원은 100만 명을 넘어섰다. 출생아 100명 중 6명은 다문화 가정 자녀다. 2023년 현재 전국에 다문화 초등학생 비율이 10% 이상인 지자체만도 열 곳이다. 전남 함평군은 전체 789명의 초등학생 중에 162명, 20.5%가 다문화 학생이다. 경북 양양군은 20.2%가 다문화 초등학생이다. 다문화 초등학생들 앞에서 같은 민족이니 통일을 해야 한다고 주장하는 것은 어딘가 어색하다. 이제는 민족담론에서 벗어난 통일교육의 새로운 접근이 필요한 시점이 된 것 같다.

나와 무슨 상관인가

나에게 이익이 되는 통일

2022년 서울대평화통일연구원에서 조사한 통일의식 조사 결과에 따르면 응답자의 58.5%가 통일이 '남한에 이익이 된다'고 답했다. 반면 '나에게 이익이 된다'고 응답한 비율은 25.4%에 불과했다. 통일이 되면 국가에는 이익이 되겠지만, 자신에게는 별로 이익이 되지 않는다고 생각하는 것이다. 국가의 이익과 개인의 이익의 격차가 두 배가 넘는다. 2007년에 이 조사를 시작한 이래 지금까지 격차가 항상 20~35% 포인트 차이가 났다. 통일이 개인에게 구체적인 이익으로 전환될 가능성이 국가적 차원보다는 낮을 수밖에 없다. 하지만 개인에게 이익이 될 것이라는 기대치가 낮다는 것은 그만큼 통일에 대한 기대치를 낮게 만든다.

반면 북향민들의 통일의식을 묻는 조사에서는, 통일이 북한 전체와 개인에게 이익을 가져다 줄 것이라는 응답이 95%로 매우 높게 나타났다. 북향민들에게 통일은 어쩌면 매우 사적인 일이다. 그들 자신이 당사자들이기 때문이다. 가족들이, 친구들이, 친척들이 현재 이북에서 살고 있기 때문에, 북향민들에게 통일은 단지 한반도가 더 잘살기 위해 두 국가가 통합하는 의미 정도가 아니다. 당장 가족을 만날 수 있느냐 없느냐의 문제다. 그래서 이들에게 통일은 사적인 것이다. 당장 내일이라도 통일이 됐으면 바라는 게 북향민들의 심정이다. 그러다 보니 북향민들은 다양한 방식으로 통일에 감정이입을 하곤 한다. 어떤 이들은 통일문제에 과격하게 참여하기도 한다. 북한 인권 투쟁이 대표적이다. 이들에게는 북한 인권을 말하지 않는 사람들은 전부 빨갱이로 취급된다. 실제로 이런 관점을 지닌 사람들은 소수에 불과하다. 대부분의 북향민은 통일을 소망하지만, 그렇다고 몰입하지는 않는다. 그런 생각까지 하기에는 먹고사는 현실이 너무 분주하기 때문이다.

우리 세대에게 통일은 '나의 일'과는 그다지 상관없는 일이 돼 버렸다. 그저 남북관계가 있을 때에만 조금 관심이 커지는 정도이다. 남북관계가 없으면 자연스럽게 무관심이 높아진다. 그러므로 통일을 소망하는 내 입장에서는 사회적 관심을 이끌어내는 계기가 자꾸 만들어지기를 희망한다. 그런 계기가 없었던 것은 아니다. 모든 일이 다 잘되는 것은 아니었지만, 불과 몇 년 전에도 그런 관심을 끄는 일이 있었다. 지난 2018년 문재인 정부 시절에는 우리네 식탁에 주요 화제가 될 만큼 북한의 체제변화와 한반도 평화체제구축에 대한 기대가 높아졌던 시절이 있었다. 결코 변할 것 같지 않던 북한의 '파격적' 행보들이 이어졌다. 우리를 당황스럽게 만할 뿐만 아니라 세기의 담판으로 불릴 북미정상회담까지 일어났다. 결국 북미간의 이해관계가 맞지 않아 진전되지 못하고 다시 과거로 돌아갔지만 우리는 가능성을 목격했다. 70년을 대결하다가 만났음에도 하루아침에 큰 성과를 낼 것이라는 기대를 했는지도 모르겠다. 냉전의 대결을 끝내고 한반도에 평화체제를 구축할 수 있을 것이라는 기대가 생겨나기도 했다. 그런 기대감이 통일에 대한 관심을 키운다.

통일에 대한 새로운 정의

통일이 국가 전략으로 국가의 일로만 계속 머문다면 우리는 앞으로도 사람들에게 통일의 당위성을 일일이 설명하느라 세월을 다 보낼지도 모른다. 그러나 우리 세대에게 통일이 국가의 일만이 아닌 우리 개인적인 삶에도 영향을 미칠 만한 일, 우리 자신의 일로 여겨질 수만 있다면 통일은 지금보다는 더 가까워 질 것이다. 그러므로 이런 관점에서 통일에 대한 정의를 다시 내릴 필요가 있으리라 생각한다. 누군가는 남과 북이 한 국가, 즉 1국가로 1체제 또는 2체제로 통합되는 것이 통일이라고 말하겠지만 이제는 이런 통일을 기대하기에도 늦은 듯하다. 1국가 1체제의 통일은 필연적으로 남한의 방식으로 되어야 하는데, 이것은 곧 북한이 무너져야 한다는 걸 전제한다. 북한이 언제 무너질까. 어떤 이들은 지금처럼 고립시키면 무너질 것이라면서 기다려야 한다고 말한다. 소위 '전략적 인내'와 비슷한 주장으로 아무것도 하지 않겠다는 말이다. 하지만 이제는 이런 방식의 통일을 기대하는 것도 불가능해 보인다. 그렇다면 남는 길은 연합의 방식이나 협력 등의 방식으로 좁혀보는 길이다. 또 어떤 이는 그냥 이대로 이웃 국가로 살면서 필요하면 교류하는 방식도 좋다고 말한다. 어쩌면 현실적으로 가장 가능성이 있는 주장일 수도 있다. 사실상 공존할 수밖에 없다는 이야기로 모아진다. 최장집 교수는 지금 한반도의 구조적 현실로는 통일이 불가능한 방향으로 이미 굳어졌다고 지적한다. 그는 남북의 평화공존을 위해 통일이라는 목표를 제외하고 남북이 각자 독립된 국가로 평화 공존을 제도화해야한다고 말한다. 사실상 양국체제론을 주장한 것이다. 반면 백낙청 교수는 평화공존과 통일은 함께 간다며 양국체제론은 '분단 기득권층의 권력을 더욱 공고화하고 연장시키는 효과를 낳을 것'이라며 반론을 제기한다. 모두 일리 있는 주장이다. 홍석현 한반도평화만들기 이사장은 남북이 정치로 합의하지 못하면 가능한 것부터 해야 한다고 주장했다. 그는 한국이 북한과 교류하면서 북한 인민들이 한국에 매력을 느끼도록 해야 한다며 '매력국가론'을 제시한다. 이 또한 통일을 생각할 때 우리가 참고해 볼만한 이야기다.

학자나 전문가들 모두 저마다 의미 있는 주장을 한다. 하지만 문제는 전문가들의 이야기로만 멈춰 있다는 것이다. 우리 사회 전반에 각 영역에서 이런 주제로 벌이는 구체적 논의는 거의 없는 실정이다. 우리는 여전히 이념 논쟁의 테두리 안에 멈춰 있다. 색깔론, 이념 공세, 종북론 등 냉전담론이 아직도 사회에 만연해 있다. 생각이 다르다는 이유로 '빨갱이' 딱지를 붙이고 전향했느냐, 투항했느냐는 식의 사상검증이 버젓이 반복된다. 어느 날 갑자기 홍범도 장군이 빨갱이가 되는 이상한 대한민국, 이게 오늘의 현실이다. 이런 상황에서 우리 세대가 어떻게 통일을 자기 일처럼 고민을 하겠는가. 이제 이념 논쟁에서 벗어나 현실적 대안을 찾아 논쟁할 시간이 되었다.

다시, 우리 세대의 통일

어떤 통일인가

2018년 남북대화가 진전되면서 정치권에서는 종전선언에 대한 논의가 오갔다. 서로 갑론을박을 주고받았다. 종전 선언이든 평화체제 구축이든 청년 세대는 좀처럼 공감하지 못한다. 왜 종전이 먼저인지, 왜 평화가 먼저인지, 그런 것들이 어째서 중요한지 청년들 입장에서 말해주지 않기 때문이다. 그동안 우리 사회는 통일에 대한 논의와 공감대를 만들기 위한 노력이 적었다. 진보든 보수든 각자가 말하는 통일 정책만 있었을 뿐 연속성을 유지하지 못했다. 정치인들이 말하는 통일이 어떤 통일인지 저마다 자기 입장 속에서 서로 다른 그림을 그린다. 그러면서 통일을 해야 한다고만 주장할 뿐이니, 통일을 소망하는 내 입장에서는 매우 답답한 심정이다. 만약 통일이 실제로 진행됐을 때 생기는 영향과 파급력은, 그것이 좋은 기회이든 아니면 나쁜 부담이든, 청년 세대가 받게 된다. 기존 세대가 늙어 힘을 잃을 때, 과업을 이어서 해야 하는 사람들 역시 청년 세대이다. 청년 세대에게 전혀 비전이 없는 통일이라면, 더 나은 사회를 다음 세대에 물려줘야 하는 책무 관점에서 기성 세대는 그런 통일을 추진하지 못할 것이다. 그런데도 어째서 우리 세대가 어떤 통일을 원하는지 우리 세대에게 묻지 않을까? 이런저런 사정을 종합해서 생각해 보면, 통일은 청년 세대의 몫인 것 같은데, 어째서 우리 세대는 침묵하며, 사회는 그 침묵을 방치하는 것일까?

남과 북은 이미 70여 년을 서로 다른 체제와 문화로 단절된 채 살아왔다. '한민족론'은 더 이상 힘을 얻지 못하고 있다. 남과 북은 다른 점보다 같은 점을 찾는 것이 어려울 정도로 변했다. 그렇게 다르게 살아왔음을 서로 인정해야 한다. 이제 남과 북은 동질감 회복을 위해서든 아니면 차이를 인정하고 공존하려는 목적으로든 다양한 소통과 교류를 해야 한다. 체제 경쟁과 이념 갈등,

정치적 논리로 비정치적인 것까지 서로 이용하다 보니 대화가 단절되었다. 일차적 책임은 당연히 북한 정권에 있다. 그러나 남 탓 하는 쉬운 태도가 아닌 우리에게도 문제가 없었는지 두루 성찰하는 모습을 보고 싶다. 정치적 목적 달성을 위해 소모하는 통일 담론은 우리 세대의 지지를 받지 못한다. 어차피 정권이 바뀔 때마다 또 뒤집어지는 정책은 사람들의 관심을 떨어트린다. 클리셰가 반복되는 쇼는 진부하다. 진지한 겉치레보다는 재미있는 쇼가 낫고, 먼 산을 가리키는 관심없는 정책보다 지금 당장의 생존을 위한 지원 정책이 낫다. 청년 세대가 바보는 아니다. 통일 정책? 어차피 정권이 바뀌면 엎어질 정책이라는 것을 안다. 청년들에게 통일은 더 이상 필수적인 과정이 아니다. 굳이 통일이 필요한지에 대한 회의감이 곳곳에 조용히 퍼져 있다. 어른 세대는 목소리를 높이며 싸웠지만 청년 세대는 무관심으로 싸운다. 그럼에도 통일은 필요하다. 우리나라가 더 크게 발전하고 성장하기 위해서라도 전쟁의 위협이 있어서는 안 되고, 그러기 위해 무기를 내려놓고 철조망을 없애면서 서로를 인정하고 교류하는 게 필요하고, 또 그런 일들이 저마다 막대한 사회적 에너지가 필요한데, 그런 에너지를 공급할 동력을 위해서라도 통일은 필요하다. 그러려면 다시 출발점으로 돌아가서 어째서 통일인지, 어떤 통일인지, 그런 기초적인 얘기부터 다시 해봤으면 한다.

통일은 우리가 마지막에 도달해야 하는 종착점이다. 우선 남북 양국 헌법이 그렇게 규정하고 있는 역사적 사명이다. 그 모습이 흡수된 대한민국 체제의 통일일지, 또 다른 체제의 통일일지는 나중 일이다. 한국 사회에서 통일논쟁은 과정을 생략한 채 결과의 통일만 말하고 있다. 우리 사회의 깊숙한 골을 들여다보면, 결국 분단에서 비롯된 트라우마를 발견한다. 우리는 통일 이전에 우리 내부에 회복해야 할 상처가 너무 크고 많은 것 같다. 통일에 앞서 트라우마 치유가 먼저 해야 할 순리가 아닐까. 마음에 평화가 없는데 무슨 통일이란 말인가. 그래서 평화가 먼저다.

그동안 남북은 의미 있는 합의들을 만들어 왔다. 지금껏 국제사회에서, 또 우리 사회에서 북한에 대해 '불량한 이웃', '불편한 이웃'이라는 인식이 심화돼 왔다. 그럼에도 불구하고 7·4 남북공동성명, 남북기본합의서, 6·15 남북공동선언, 10·4 선언, 4·27 판문점 선언, 9·19 군사합의 등 그동안 남과 북이 체결한 합의들은 상호인정, 즉 공존을 전제로 했다. 〈같이 살든 따로 살든〉이라는 문재인 전 대통령의 표현처럼 어쩌면 우리는 앞으로 정상적인 2국가 체제로 살아갈 가능성이 높아졌다. 통일이 안된 채 한 세대가 될지 두 세대가 될지는 모르겠다. 그러나 결국 시간의 문제다.

청년들은 지금까지 그래온 것처럼 따로 사는 것에 익숙해 있고, 오히려 이대로 사는 게 낫다는 여론이 높다. 지금 젊은 세대는 민족이라는 가치를 중시하지 않는다. 통일에 대한 관심은 점점 낮아지고, 오히려 평화적 공존, 즉 급격한 변화보다는 현 상태를 유지하는 것을 선호한다. 통일을 원하지만, 현재의 위치 변화는 원치 않는다는 말이다. 통일은 여전히 '가치'라는 담론에 머물러 있을 뿐이다. 머리가 만들어 내는 가치는 이해한다. 그러나 현실이라는 몸은 머리의 가르침을 따르지 않는다. 몸은 피곤하고 아프다. 이것이 우리 세대의 머리와 몸이다.

나는 통일을 소망한다. 마음 같아서는 내일이라도 북한의 독재정권이 무너져서 당장 통일이 되면 좋겠다. 그런데 이건 나의 바람일 뿐 현실성이 없다. 독일처럼 갑작스런 통일이라도 되면 좋겠지만 너무 먼 나라 이야기다. 무력으로 상대를 흡수하는 통일은 안 된다. 전쟁이 난다. 수많은 국민의 목숨이 무력통일보다 중요하다. 어떤 식으로는 통일은 당장에 생겨나지 않는다. 어쩌면 몇 세대가 더 지나야 할지도 모른다. 그렇다면 성급한 마음 버린 채, 통일은 다음 세대에게 맡겨놓고서, 우리 세대가 해야 할 일을 하면 되지 않을까? 이제 우리 사회도 남북 체제 공존에 대해 진지한 논의와 공론의 장이 열려야 한다. 지금 북한을 쓰러뜨릴 수 없다. 그렇다면 공존 외엔 뾰족한 대안이 없다. 북한이라는 독재 체제와 어떻게 공존할 수 있느냐는 거부감을 안다. 지금보다 더 심한 거부감과 적대심을 갖고도 남북은 70여 년을 공존해 살아왔다. 대한민국 체제가 붕괴되지 않는 것처럼 북한 정권은 쓰러지지 않는다는 것을 전제로 공존을 말하고 추진하더라도 별반 달라질 게 없다.

공존은 불가능할까

북한을 정상적인 나라로 볼 수 있느냐의 문제는 아니다. 국가 간의 교류를 정상화할 수 있느냐의 문제이다. 우리가 지금의 북한을 어떤 방식으로든 무너뜨릴 수 없다면, 무시와 제재, 그리고 압박으로도 바꾸지 못했다면, 이제까지와는 전혀 다른 방식의 적극적인 교류를 해보자는 것이다. 이것이 내 주장이다. 물론 이런 식의 주장은 한국 사회에서 여전히 조심스럽다. 특히 나 같은 북향민이 이런 주장을 하면 빨갱이라고 몰아붙이는 사람이 있다. 이런 일도 언젠가는 사라지리라 생각한다. 시간이 조금 더 걸릴 뿐이다.

사실 우리는 오랫동안 북한과 공존해 왔다. 하지만 이 공존에는 좀 신비한 구석이 있다. 우리는 북한을 잘 아는 것처럼 보여도 실상 북한 인민들이 어떻게 살아가는지에 대해서는 잘 알지 못한다. 북한이 철저한 독재 국가이며 극심한 인권 탄압 국가라는 사실은 안다. 그러나 그런 모진 사회 속에서 북한 인민들이 어떻게 생존하는지에 대해서는 모른다. 다시 말하면 지금껏 진행돼 온 남북 공존은 무지 속의 공존이었다는 특징이 있다. 그렇다면 무지가 아닌 지식 속의 공존을 실험해 볼 여지가 있지 않을까? 특히 대한민국 관점에서는 북한 인민들의 평범한 삶을 제대로 알면서 정보를 널리 공유하면서 교류하는 그런 공존을 말이다.

통일, 언제 올지 아무도 모른다. 갑자기 올 수도 있고 영원히 오지 않을 수도 있다. 통일이 오면 어떤 식으로든 대한민국에서 살아가는 우리의 삶을 송두리째 바꿀 것이다. 갑자기 통일이 되면 우리 세대의 인생이 바뀐다. 그러므로 기성 세대에게 당하지 말고 청년 세대 스스로 준비해야 한다. 통일은 멀다. 여기서부터 백 년이 걸릴지도 모른다. 그러면 우리는 우리의 다음 세대를 위해서 우리 몫의 짐을 져야 한다. 이 경우 청년 세대에게는, 아는 게 힘이다. 무엇을 알아야 하는가? 바로 우리가 대화해야 할 대상인 북한 인민들의 진짜 평범한 삶이다. 이것을 알려면 만나봐야 한다. 이걸 가능케 하는 제도적 뒷받침이 바로 평범한 교류의 보장이다. 그런데 교류를 말하면 북한정권에 좋은 일만 한다면서 종북이니 친북이니 하고 반응한다. 너무 경직됐다. 경직된 분위기에 균열을 내는 역할을 우리가 하자.